Versagen in Brüssel
Plädoyer für ein besseres Europa

Wilfried Scharnagl

Versagen in Brüssel

Plädoyer für ein besseres Europa

Originalausgabe
1. Auflage März 2014
Copyright © Keyser Verlag
Keysersche Verlagsbuchhandlung GmbH
München – Berlin
Alle Rechte vorbehalten

Gestaltung: Kern.Design, Berlin
Umschlagfoto: Simon Koy, München
Satz: PrinzMedien Manuel Schwartz, Berlin
Gesetz aus der Sabon von Jan Tschichold
Papier: VNS Munken Print Cream 18, 90g/qm
säurefrei, FSC-zertifiziert
Druck: Delphin-Druck, Berlin
Printed in Germany
ISBN 978-3-86886-026-9

www.keyser-verlag.com

Inhalt

Vorwort 7

Worum es geht 17
Einleitung von Dr. Peter Gauweiler, MdB
Stellvertretender CSU-Vorsitzender

Die Einheit Europas: 23
Ein Weg der Hindernisse

Vergessene Prinzipien: 37
Weder Subsidiarität noch Föderalismus

Brüsseler Regulierungswut: 55
Zugreifen, wo es nur geht

Europa der Regionen: 79
Großer Gedanke, klägliche Wirklichkeit

Die Macht der Bürokratie: 97
Wenn Diener Herren werden

Überflutung aus Brüssel: 117
Wie die Freiheit erstickt wird

Amerikanische Datendiktatur: 133
Wie die EU ihre Bürger im Stich lässt

Die Grenzen Europas: 157
Erweiterung ohne Ende

Das Problem Euro: 179
Pacta sunt servanda

Entmachtet Brüssel: 203
Der Aufstand der Niederlande als Beispiel

Personenregister 236

Literaturverzeichnis 239

Vorwort

Wer es wagt, Kritisches zu Verlauf und Ergebnis des europäischen Einigungsprozesses zu sagen, gerät sofort unter Generalverdacht: Haltet ihn, er ist Anti-Europäer! Dabei geht es in dieser Diskussion keineswegs um die Frage, ob jemand für oder gegen Europa ist. Gegen Europa sein könnte nur ein politischer Narr, der sich weigert, aus geschichtlichen Verwerfungen zu lernen, der nicht zur Kenntnis nehmen will, dass unser Kontinent, im vergangenen Jahrhundert in zwei Weltkriegen zerstört und geschunden, überlebensnotwendig Einheit und Frieden braucht, der nicht einsieht, dass globale Herausforderungen die wirtschaftliche Zusammenarbeit Europas zwingend fordern. Der Anti-Europäer, wie er in der öffentlichen Diskussion vorkommt und wie er von den eisernen Verfechtern des europäischen Status quo gerne diskriminiert wird, ist eine Fiktion. Er wird erfunden und gebraucht, um jede Kritik an den gegenwärtigen Verhältnissen in Europa mundtot zu machen.

Noch einmal: Es geht nicht um für oder gegen Europa. Es geht, nach möglichst genauer Betrachtung der Wirklichkeit der Europäischen Union, um die Antwort auf die Frage, ob das Europa, wie es sich heute darbietet, das richtige Europa ist. Oder ob nicht im Laufe eines jahrzehntelangen Einigungsprozesses eine Entwicklung eingetreten ist, die dem entgegensteht, was Europa von seiner Tradition und seiner geschichtlichen Prägung her eigentlich ausmacht: Ein Hort der Freiheit für die Staaten wie für die Menschen, demokratische Lebendigkeit, kulturelle Vielfalt, wirtschaftlicher Wettbewerb, befruchtende Unterschiede aus dem Bestand seiner Regionen, Selbstbehauptung in einer größer gewordenen Welt, kraftvolle eigenständige Völker und Nationen – und das alles überwölbt von einer gesicherten Ordnung des Friedens.

Europa als Idee und Wunschbild eines geeinten und friedlichen Kontinents ist alt. An Konzepten, eine solche Vorstellung zu verwirklichen, hat es die Jahrhunderte hindurch nicht gefehlt. Der Traum vom ewigen Frieden hat klügste Köpfe beschäftigt. Große Gedanken wurden geboren, detaillierte Pläne ausgearbeitet, aber der Fortschritt zum Frieden in Europa blieb aus. Zum geschichtlichen Tiefpunkt wurde das 20. Jahrhundert: Zwei Weltkriege, obwohl es in deren Vorfeld nicht an friedenssichernden Versuchen gefehlt hatte, brachten den europäischen Kontinent an den Rand des Abgrunds. Nach 1945 wurden erstmals die wirklichen Lehren gezogen, kam in kleinen Schritten und unter vielen Rückschlägen ein Einigungsprozess in Gang, an dessen Ende heute die Europäische Union steht. Aber ist es wirklich das Europa, das in den Ländern unseres Kontinents gewollt wird? Nimmt man durchgehende Meinungsumfragen als Maßstab, aber auch persönliche Erfahrungen, so stellen sich die Menschen unter ihrem europäischen Ideal anderes vor als die Brüsseler Wirklichkeit. Es muss etwas schief gelaufen sein mit der Einigung Europas, wenn die Zustimmung zu diesem Projekt trotz aller festlichen Sonntagsreden zu seinem Lob und Preis nicht größer, sondern kleiner wird. Und auch die strenge Zurechtweisung der Kritiker des europäischen Ist-Zustandes vermag die Begeisterung für das bestehende Europa nicht größer zu machen.

Trotz der Kompliziertheit des Wortes leuchten Inhalt und Sinn des Begriffes Subsidiarität den Menschen ein. Sie wissen, dass das, was die untere Ebene erledigen kann, nicht einer oberen Ebene überlassen werden muss. Das gilt schon deshalb, weil die untere Ebene viel näher am Alltag und seinen Bedürfnissen ist als eine weit entfernte. Brüssel, das Synonym für die Europäische Union und ihren Apparat, greift, im Widerspruch zu diesem Grundsatz, immer enger und strenger auch in die entlegenste untere Ebene ein. In den europäischen Verträgen wird das Prinzip der Subsidiarität hochgehalten, in der europäischen Praxis wird es plattgemacht. Damit bleibt auch der Gedanke des Föderalismus, der staatlichen Ordnung, nach der die Bundesrepublik Deutschland und andere Staaten Europas gebaut sind, auf der Strecke. Das Wesen des föderativen Gedankens ist die Bewahrung der Individualität von Einzelpersonen, Gruppen und Staaten – die von Brüssel ausgehende Gleichmacherei kann mit einer solchen Orientierung offensichtlich nichts anfangen.

Brüsseler Regulierungswut erschreckt immer wieder. Es wird zu- und in das Leben der Menschen eingegriffen, wo es nur geht. Diese Zugriffe fallen umso dichter und härter aus, je weniger die Europäische Union sich in der Lage zeigt, ihre wirklich großen Aufgaben, beispielsweise in der Außenpolitik und bei Krisen und Kriegen vor der europäischen Haustüre, anzupacken und zu lösen. Da fällt es eben leichter, sich in die Trinkwasserversorgung von Städten und Gemeinden einzumischen, um mit zentralistischem Zwang bewährte kommunale Versorgungswege internationalen Konzernen zu öffnen. Oder, ein anderes Exempel: Was bewegt die EU-Kommission, das „Made in Germany", seit mehr als einem Jahrhundert bewährtes Qualitätskennzeichen deutscher Produkte, in Gefahr zu bringen? Könnte auch das Bemühen dahinter stecken, den Deutschen eins auszuwischen?

Theorie und Wirklichkeit klaffen im Alltag des europäischen Politikbetriebes immer wieder weit auseinander. Im Vertragswerk heißt es ausdrücklich, dass die EU nur dort eingreift, wo Maßnahmen auf regionaler und lokaler Ebene nicht optimal erledigt werden können. Realität ist, dass die Regionen, in Deutschland sind dies die Länder, immer mehr an Bedeutung einbüßen, obwohl gerade dort die Menschen Heimat haben, fühlen und erleben. Tatsache aber ist, dass dank des Brüsseler Totalanspruches die deutschen Länder in besonderer Weise die Verlierer des europäischen Einigungsprozesses sind. Regiert werden aus der Ferne, das bedeutet Heimatverlust. Dieser Verlust darf keinesfalls eine Folge der Einheit Europas sein.

Zur Entfremdung der Europäer von ihrer Union trägt eine bürokratische Übermacht in Brüssel bei, die weit über den üblichen Beamteneinfluss in den einzelnen Mitgliedstaaten hinausgeht. Hoch bezahlt und reich mit Privilegien aller Art ausgestattet, wächst im europäischen Apparat ein Selbstbewusstsein, das zu erheblichen Fehleinschätzungen des Lebens der Menschen in Europa und zu einer nicht weniger erheblichen Selbstüberschätzung der eigenen Kompetenz führt. Selbst EU-Kommissare werden von der hohen Beamtenschaft übergangen und müssen dann den Kopf für Entscheidungen hinhalten, die sie eigentlich nicht verursacht haben. Das in nationalstaatlichen Administrationen funktionierende Kontrollsystem scheint in Brüssel außer Kraft gesetzt. Die Diener werden zu Herren.

Die Art und Zahl der Richtlinien und Verordnungen, die das Leben der einzelnen Menschen und das Handeln der Wirtschaft in den Ländern der Europäischen Union bestimmen, ist unüberschaubar. Ein

Vorschriften-Gigantismus lässt keinen Bereich des Daseins ungeregelt. Die Frage drängt sich auf, was eigentlich nationale Regierungen noch in freier Entscheidung zu tun und zu verantworten haben. Der Satz von Wim Wenders „Aus der Idee Europa wurde die Verwaltung – jetzt halten die Menschen die Verwaltung für die Idee" signalisiert die erdrückende Wucht, die von den Europäern ihrer politischen Führung zugeschrieben wird. Längst sind die selbstverständlichsten Regeln im Umgang der Gemeinschaft mit ihren Mitgliedstaaten außer Kraft gesetzt. Die innere Richtlinie für alle europäischen Verträge und für das daraus fließende Verwaltungshandeln – „Die EU darf nur dann aktiv werden, wenn ein Problem sachgerecht nicht auf nationaler Ebene, sondern nur auf europäischer Ebene gelöst werden kann" – ist von der Brüsseler Wirklichkeit längst beiseite gefegt worden. Selbstbeschränkung irgendeiner Art ist dem zu einem eigenen Kosmos gewordenen Bürokratiekonglomerat in der belgischen Hauptstadt völlig fremd.

Der Schutz der eigenen Bürgerinnen und Bürger vor rechtswidrigen Angriffen jeder Art und jeder Herkunft müsste die oberste Pflicht einer politischen Gemeinschaft wie der Europäischen Union sein. Auf dem Felde der Informations- und Kommunikationstechnologie ist hier völliges Versagen der EU und ihrer Organe, vor allem der Kommission, festzustellen. Nicht nur wird untätig hingenommen, dass die Europäer einer Datendiktatur der USA unterworfen werden. Der wahre Skandal liegt darin, dass die EU-Kommission mit entsprechenden Abmachungen selbst dazu beiträgt und die Voraussetzungen dafür schafft, den Geheimdiensten der Vereinigten Staaten Einblick in die persönlichsten Daten von 500 Millionen Europäern zu gewähren. Von der Ausspähung privater Kontakte und unternehmerischer Zahlen über die intimsten Auskünfte aus dem internationalen Zahlungsverkehr bis zur vollständigen Durchleuchtung von Fluggästen – was immer die USA an Informationen von Europäern wollen, Brüssel macht es gerne möglich. Dabei ist diese unerhörte Lieferung eine Einbahnstraße – zwar erhalten die USA alle europäischen Daten, die Europäische Union aber erhält im Gegenzug dazu nichts.

Europa in Gestalt der Europäischen Union leidet auch unter einer mangelnden Standortbestimmung. Obwohl die geschichtliche Wende in Europa mit dem Zusammenbruch des kommunistischen Imperiums schon ein Vierteljahrhundert zurückliegt und daher die für Klarheit sorgende Frontstellung früherer Jahrzehnte vorbei ist, zeigt die eklatante außenpolitische Schwäche der EU, dass sie ihren Platz im neuen politischen Weltgefüge noch nicht gefunden hat. Die EU hat auch die Frage nach ihren Grenzen noch nicht beantwortet. Was ihren Herrschaftsanspruch im Innern, über die Mitgliedstaaten, angeht, ist die Antwort auf die Frage überfällig, ob ein zentralistischer Superstaat herbeigezwungen werden soll oder ob man es bei der Lösung eines Staatenbundes lassen muss, der Europa als dem Kontinent der Freiheit allein angemessen ist.

Geht die bisherige Entwicklung weiter, werden die Nationalstaaten in ihrer Substanz und Souveränität mehr und mehr ausgehöhlt. Was soll dann aus der Richtlinienkompetenz der Kanzlerin oder des Kanzlers der Bundesrepublik Deutschland werden? Oder gar aus den deutschen Ländern, die das Fundament der Bundesrepublik sind? Fragen auch nach den äußeren Grenzen der Europäischen Union: Soll eine Erweiterungspolitik auf der Basis zielgerichteter Schönfärberei in sogenannten „Fortschrittsberichten" fortgesetzt werden und sollen weiterhin neue Mitglieder in die Union aufgenommen werden, denen die demokratische, rechtliche und wirtschaftliche Qualifikation dazu fehlt? Klarheit in der Frage eines Beitritts der Türkei ist überfällig: Wird weiterhin das Spiel zwischen Aufnahme als Vollmitglied und privilegierter Partnerschaft gespielt oder wird endlich klargestellt, dass, bei sonstiger bester Partnerschaft, ein Land, in dem Euphrat und Tigris entspringen und das an Irak und Iran grenzt, von allen anderen Gründen abgesehen einfach kein europäische Land ist? Auch der Türkei wird hier Klarheit geschuldet.

Ein anderes zentrales europäisches Anliegen, das der europäischen Währung, stellt der Euro dar. Auch wenn das Thema im Gegensatz zur Zeit der großen Finanz- und Schuldenkrise seine Schlagzeilenkraft teilweise eingebüßt hat, nimmt es im Denken und Reden der Menschen in Deutschland einen Platz ganz weit vorne ein. Das Vertrauen, das eine Währung braucht, ist nicht im notwendigen Umfang vorhanden. Die Milliarden- oder gar Billionensummen, die im Zuge der Eurorettungs-Maßnahmen in immer neuen Schirmen beschlossen und von der Europäischen Zentralbank mit vollen Händen ausgegeben wurden, mussten und müssen Misstrauen säen. Zudem zeigt Millionen deutscher Sparer der Blick ins Sparbuch, dass der früher vor allem für die Alterssicherung einkalkulierte Zinsertrag gegen Null geht.

So können es gerade die durch zwei Geldvernichtungen im vergangenen Jahrhundert traumatisierten Deutschen nur als Hohn verstehen, wenn ihnen EZB-Präsident Mario Draghi zu Beginn des Jahres 2014 die Botschaft mit auf den Weg gibt, die Deutschen hätten nun einmal eine „perverse Angst" um ihr Geld. Der Euro braucht Vertrauen. Dieses entsteht nur, wenn die EZB sich wieder der Vertrauensposition zumindest annähert, die früher die Deutsche Bundesbank in Deutschland hatte. Die Geschichte des Euro ist, entgegen dem Stabilitätskonzept seiner Väter, zu einer Geschichte des Vertragsbruchs geworden. Die Zukunft des Euro kann nur gesichert werden, wenn der klassische lateinisch Grundsatz „Pacta sunt servanda", Verträge müssen gehalten werden, nicht nur historische Erinnerung, sondern unabdingbare Richtschnur für das Handeln aller Währungsverantwortlichen ist und bleibt.

Wer Europa will, wer Europa liebt, wem eine gute Zukunft Europas am Herzen liegt, muss die Irrwege versperren, in denen sich die europäische Einigung in den jüngsten Jahren und Jahrzehnten verlaufen hat. Alles, was an absolut überflüssiger Kompetenz Brüssel zugewachsen ist und von dort an Macht an sich gerafft wurde oder ihm unter Mitwirkung acht- und ahnungsloser Nationalstaaten willig überlassen oder abgetreten wurde, muss unbarmherzig auf den Prüfstand gestellt werden. Die Regierung der Niederlande hat 2013 den Weg gewiesen, als sie ein Programm zum Kompetenzabbau in Brüssel und zur Rückführung dieser Zuständigkeiten auf die EU-Mitgliedstaaten vorlegte. Möglichst umgehend müssten sich die reformfähigen und reformwilligen Kräfte der EU mit einer Taskforce an die Arbeit machen und eine kritische Bestandsaufnahme all dessen vornehmen, was sich in Brüssel an überflüssiger, lähmender und die EU-Staaten schwächender Macht angesammelt hat. Was nicht in die Hände des EU-Apparates gehört, hat dort nichts zu suchen und muss weggenommen werden. Um ein Wort des Evangeliums abzuwandeln: Gebt Europa, was Europas ist, und den Nationalstaaten und den Regionen – in Deutschland sind es die

Länder –, was der Nationalstaaten und der Regionen und Länder ist. Im Nach- und Durcheinander des europäischen Einigungsprozesses sind Verkrustungen entstanden, die aufgebrochen gehören. Nur dann wird der Kern Europas in seinem belebenden Miteinander, in der Kreativität seiner Menschen, in seinem freiheitlichen Glanz, in seinem kulturellen Reichtum, in den Erfahrungen seiner Geschichte mit deren Höhen und Tiefen, in der Vielfalt seiner Völker und in seiner versöhnten Verschiedenheit sichtbar. Das ist das bessere Europa. Und darum geht es.

Zu danken habe ich dem Keyser Verlag, Berlin-München, für die Übernahme dieses Buches in sein Programm. Im Beitrag von Peter Gauweiler sehe ich ein Zeichen jener bewährten persönlichen und politischen Freundschaft, die uns seit Jahrzehnten verbindet.

Allershausen, im Februar 2014

Wilfried Scharnagl

Worum es geht

Einleitung von Dr. Peter Gauweiler, MdB
Stellvertretender Vorsitzender der CSU

Aus der Traum? Europa ade? Müssen wir die wunderschöne Flagge Europas einrollen, mit ihrem Kranz von zwölf goldenen Sternen auf marianischem Blau, aus der Offenbarung des Johannes? Dieses „große Zeichen am Himmel", wie es dort heißt?

„Scheitert der Euro, scheitert Europa – vielleicht steckt in Angela Merkels Gleichung eine tiefere Wahrheit, als die Bundeskanzlerin und die Anhänger ihrer Euro-Rettungspolitik meinen. Scheitert mit dem Euro nur ein bestimmten Konzept, das darin besteht, ein zentralistisches Europa zu erzwingen und Ungleiches gleich machen zu wollen?" schrieb Wilfried Scharnagl in seinem Buch „Bayern kann es auch allein".

Trotz allem – das wäre sogar noch ein Hoffnungsschimmer in dieser Krise Europas. Denn Europa braucht seine Friedensunion. Heuer vor hundert Jahren brach der Erste Weltkrieg aus, der den Zweiten gezeugt hat, und der wiederum den Kalten Krieg. Vor diesem schrecklichen Hintergrund wissen wir, welch ein Segen die Friedensordnung der Europäischen Union ist. Von der EU selbst, ihren Institutionen und ihrer Politik aber lässt sich das nicht sagen. „Die EU muss sich in Gänze verändern" betont Martin Schulz, der deutsche Präsident des Europaparlaments. So muss die Währungsunion kritisch überprüft und neu geordnete werden.

Der permanente Rechtsbruch muss ein Ende haben, die gemeinsamen Spielregeln, insbesondere die Konvergenzkriterien, müssen eingehalten werden. Solidarität ist keine Einbahnstraße und immer mit

Selbstverantwortung gekoppelt: Keine Hilfe ohne Selbsthilfe durch Reform. Eine Schuldenunion – Schulden auf Kosten der europäischen Partner – darf es nicht geben. Sie würde alle Reformanstrengungen der Schuldner sofort beenden. Austritte aus der Eurozone müssen möglich sein, um den Weg in die Wettbewerbsfähigkeit zu erleichtern, bis hin zu einer „atmenden Währungsunion" (Hans-Werner Sinn), in der geregelte Aus- und Wiedereintritte möglich sind.

Eine Konkursordnung für Staaten muss geschaffen werden, welche sicherstellt, dass eine geordnete Insolvenz stattfinden kann, ohne dass alle Eurostaaten in eine Systemkrise hineingezogen werden. Aus dauernden Haftungsübernahmen und Rettungstransfers kommt Europa nur heraus, wenn die Eigenverantwortlichkeit der Eurostaaten für ihre eigenen Finanzen wiederhergestellt wird. Dies ist ohne ihre Insolvenzfähigkeit nicht möglich. Im Rat der Europäischen Zentralbank ist die Stimmverteilung nach dem Kapitalanteil der jeweiligen Mitgliedstaaten auszurichten.

Das „sanfte Monster Brüssel" (Hans Magnus Enzensberger) muss gebändigt werden – die Europäische Kommission samt ihrer Verwaltung. Bürgerrechte und Rechtsstaatlichkeit werden gerade auch durch die Kommission gefährdet – durch Überregulierungs-, Verbots- und Vorschriftenwahn. Ein erster Schritt wäre eine Halbierung der Zahl der Kommissare. Nicht jeder Mitgliedstaat braucht einen Kommissar mit eigenen Zuständigkeiten. Auch die europäische Verwaltung sollte verkleinert werden. 6.000 bis 9.000 Planstellen für einen Europäischen Auswärtigen Dienst (EAD) sind völlig verrückt. Eine Straffung, Reduzierung und Zusammenlegung bestehender Strukturen spart Geld und zwingt zu effektivem Verwaltungshandeln.

Die Kompetenzen, welche die Zentrale an sich gezogen hat, müssen überprüft und gegebenenfalls rückgeführt werden: Europa hat sich auf die Probleme zu konzentrieren, die nur auf europäischer Ebene gelöst werden können. Das Argument der Binnenmarktrelevanz darf nicht länger als Blankoscheck für überzogene Detailregulierungen und Kontrollverfahren missbraucht werden. Was Mitgliedstaaten, Länder oder Regionen besser meistern können, muss in ihrer Verantwortung bleiben oder auf sie zurückübertragen werden.

Die zunehmende Skepsis der Menschen in Europa gegenüber dem europäischen Einigungsprozess erklärt sich auch daraus, dass er weitgehend ohne Beteiligung der Bevölkerung vorangetrieben worden ist. Um die Menschen für Europa zu gewinnen und ihnen neues Vertrauen in die Europäische Union und in die europäische Idee zu geben, muss der Wille der Volkes in der Europäischen Union ein neues, demokratisches Gewicht bekommen. „Gemessen an verfassungsstaatlichen Erfordernissen fehlt es der Europäischen Union auch nach Inkrafttreten des Vertrags von Lissabon an einem durch gleiche Wahl aller Unionsbürger zustande gekommenen Entscheidungsorgan mit der Fähigkeit zur einheitlichen Repräsentation des Volkswillens", so das Bundesverfassungsgericht in seinem Urteil zum Lissabon-Vertrag.

Umso notwendiger ist, den Menschen in Europa einen größeren Einfluss auf die europäischen Gesetzgebungsprozesse zu geben. Die Bürger sollten in einer Volksabstimmung Gehör finden, wenn es darum geht, wesentliche Kompetenzen auf die europäische Ebene zu übertragen, die Gemeinschaft um weitere Mitglieder zu erweitern oder finanziell belastende Beschlüsse zu fassen. Erst recht gilt dies für die grundlegende

Entscheidung einer Umwandlung der EU in einen Bundesstaat. Das Bundesverfassungsgericht hat in seinem Lissabon-Urteil festgehalten, dass dies nach dem Artikel 146 GG „von dem deutschen Volke in freier Entscheidung" beschlossen werden müsse.

Diese Frage der künftigen Gestalt Europas muss neu diskutiert werden.

Liegt die Zukunft Europas in einem Mehr an Zentralisierung, an europäischem Etatismus und großer zentralgesteuerter europäischer Transferunion, welche die Unterschiede mehr oder weniger sanft von oben ausgleicht und novelliert? Oder liegt die Zukunft Europas im Unterschied, im Wettstreit und Wettbewerb, in der Wahrung nationaler und regionaler Identitäten – bei allem Wandel und bei aller Annäherung, die die Globalisierung der Welt mit sich bringt?

In der Krise der letzten Jahre hat Europa erfahren, wovor Charles de Gaulle in seinen „Memoiren der Hoffnung" warnte: „Welch tiefer Illusion (...) muss man verfallen, um glauben zu können, europäische Nationen, deren jede ihre eigene Geographie, ihre Geschichte, ihre Sprache, ihre besondere Tradition und Institution hat, könnten ihr Eigenleben abgeben und nur ein einziges Volk bilden?" Deshalb warnte de Gaulle davor, ein künstliches Vaterland anzustreben, das nur dem Gehirn von Technokraten entsprang. Vor den Organen der Gemeinschaft in Brüssel warnte er wegen „Urzweideutigkeit" der ganzen Institution: „Heißt ihr Ziel gegenseitige Abstimmung des internationalen Vorgehens? Oder will sie völlige Verschmelzung der Volkswirtschaften und der jeweiligen Politik? Müßig zu sagen, dass ich, allen Wunschträumen abhold, die erste Konzeption vertrete. Aber auf der zweiten ruhen alle Illusionen der supranationalen Schule."

Europas Wert und Reichtum liegt in seiner Vielfalt und in der Demokratie, Rechtsstaatlichkeit und Freiheit, die seine Staaten heute in gemeinsamer Anstrengung ihren Menschen sichern – als historischen Gewinn für seine Bürger und als Beispiel für die Welt. Dies zu sichern, ist Sinn und Auftrag der Europäischen Union. Um diese Aufgabe zu erfüllen, braucht die EU kein „stärkerer Akteur auf der Weltbühne" zu werden, wie die EU-Außenminister im September 2012 meinten. Weltmacht EU? Sebastian Haffner hat einmal eine ganz andere Zukunft entworfen. Im Windschatten der Großmächte USA, China, Russland oder Indien könnte Europa zu einer „Schweiz der Welt" werden und gerade im Verzicht auf Großmachtphantasien erfolgreich sein. „Was die Schweiz im Vergleich zu anderen Staaten und Völkern heraushebt, ist ihr Umgang mit Problemen der Verschiedenheit, ihre Suche nach Lösungen bei kulturellen, sprachlichen, religiösen oder ethnischen Konflikten, die von allen getragen werden können – kurz: die vorbildliche Bewältigung ihrer Multikulturalität", schreibt der große Staatsrechtslehrer und ehemalige Verfassungsrichter Hans-Peter Schneider. Und weiter: „Die sprachliche, kulturelle, religiöse und ethnische Vielfalt wird nicht (mehr) als Bedrohung der eigenen Besonderheit, sondern als deren Ergänzung und Bereicherung empfunden." Insofern verstehe sich das aus einer Vielfalt „zusammengesetzte" Schweizer Volk in erster Linie als eine „Wertegemeinschaft, die sich den politischen Grundprinzipien der Demokratie, des Rechtsstaats, des Föderalismus sowie nicht zuletzt dem Schutz der Menschenwürde und der Menschenrechte verpflichtet weiß." (Schneider).

In der Schweiz sind die Verfahren direkter Demokratie zu einer Art Markenzeichen dieser Demokratie geworden und haben weitreichende Auswirkungen auf das gesamte Regierungssystem. Aufgrund historischer Erfahrungen und langer Fremdherrschaft gehören Freiheitsdrang und Freiheitsliebe zu den hervorstechendsten Eigenschaften der Schweizer. In der Verfassungswirklichkeit schlägt sich das darin nieder, dass in erster Linie die Gemeinden und die Kantone der Ort bürgerschaftlichen Engagements und der Ort persönlicher Beziehungen sind. Die Gemeinden haben die Funktion einer identitätsvermittelnden Einrichtung, und die Kantone spielen im föderalen Verfassungsgefüge eine weitaus größere Rolle als die Länder in Deutschland – und wohl auch als die Gebietskörperschaften in den meisten anderen Bundesstaaten dieser Welt.

Europa – die Schweiz der Welt? Das Megalopolisch-Unsympathische der EU löste ein solcher Vorschlag jedenfalls sofort auf. Ebenso positiv wäre die Vorstellung von Europa als Eidgenossenschaft. Auch die Pflege von Vielsprachigkeit könnte Brüssel von Bern gut lernen. Ebenfalls die Achtung vor kantonaler Selbstbestimmung und staatsbürgerlicher Funktion. Vor allem der unbedingte Respekt vor dem Volkswillen und die Balance von globaler Einbindung und örtlicher Autarkie. Und dass es nicht auf die Größe eines Territoriums ankommt, sondern auf das, was man damit macht. Die Schweiz der Welt – das könnte jenes „bessere Europa" werden, von dem wir träumen und von dem Wilfried Scharnagl uns heute schreibt.

Die Einheit Europas:
Ein Weg der Hindernisse

Die Idee Europa und die Organisation des nach Australien zweitkleinsten Kontinents beschäftigt seit Jahrhunderten die Köpfe der Menschen. Ereb, so nannten die Assyrer den „Untergang der Sonne", den Westen, das Abendland. Daraus wurde Europa. In der griechischen Mythologie war Europa die Tochter des phönizischen Königs Agenor, von Zeus in Gestalt eines Stieres auf die Insel Kreta entführt. Dieses Bild und der Name Europa durchziehen seither die darstellende Kunst. Die Überlegungen, diesen Erdteil, nur ein kleines Anhängsel der asiatischen Landmasse, einheitlich zu formen, ihn in seiner Gesamtheit zu beherrschen, haben mit und ohne geistig-konzeptionellen Hintergrund und Überbau Völker und Herrscher seit eh und je gereizt und gelockt.

Das römische Imperium war ein solcher Versuch, das Reich Karl des Großen ein anderer – darauf gerichtet, die römischen Dimensionen Europas wieder herzustellen. Und die gesamte Geschichte des Heiligen Römischen Reiches Deutscher Nation wird von einer alle heutigen Staatengrenzen weiträumig überspannenden übernationalen, besser gesagt vornationalen Vorstellung geprägt. Die meist unzulängliche Praxis tat dieser Idee einer Gemeinsamkeit, die im Zusammenspiel wie im Gegeneinander von Kaiser und Papst weltliche und geistliche Dimensionen vereinte, keinen Abbruch. Dante Alighieri bereits unternahm in seinem Werk über die Monarchie den staatsphilosophischen Versuch, die Idee des einzigen Kaisers als des Herrschers über Europa darzustellen und als allein gangbaren Weg zum Wohle der Völker nachzuweisen.

Die Idee einer Universalmonarchie bestimmte denn auch bis zum Jahre 1806, als Kaiser Franz die Krone des Heiligen Römischen Reiches Deutscher Nation ablegte und sich mit dem Titel eines Kaisers von Österreich begnügen musste, europäisches Handeln und Denken. Dem napoleonischen Ansturm hatte das morsch gewordene und nur mehr auf das egoistische Eigeninteresse seiner Einzelstaaten angewiesene Reich nichts mehr entgegenzusetzen. Aber auch das Großreich Napoleons hielt, in seiner zum Scheitern verurteilten Ausdehnung von der iberischen Halbinsel bis Moskau, nur einen geschichtlichen Atemzug.

Die europäische Geschichte ist reich an Überlegungen, dem Kontinent eine Ordnung des friedlichen Miteinanders zu geben. Dabei kamen diese Initiativen immer wieder von überraschender Seite. So wartete 1638, mitten im Dreißigjährigen Krieg Maximilien de Béthune, Baron von Rosny und Herzog von Sully, unter dem Titel „Grand Dessin" mit einem Plan zur friedlichen Ordnung Europas auf. Selbstverständlich war französisches Eigeninteresse im Spiel, wenn der vom Hause Habsburg geführten Universalmonarchie eine europäische Konföderation als Alternative entgegengestellt werden sollte. Das Übergewicht eines Herrschers und eines Imperiums sollte zugunsten vieler einzelner Regenten und Reiche zurückgedrängt werden. Grundgedanke der französischen Ausarbeitung war die Herstellung eines relativen, keineswegs mathematischen Gleichgewichts unter den europäischen Staatengruppen: Kein Staat sollte mehr eine Übermacht gewinnen, alle Staaten in der angestrebten Vereinigung sich sicher fühlen können. Wie zu erwarten, blieb das Konzept aus Paris theoretische

Überlegung und eine freundliche Fußnote der Geschichte. Europa ging zu seiner von Streit und Krieg gekennzeichneten und darin noch Jahrhunderte anhaltenden Tagesordnung über.

Zu ändern an diesem Weg des Unheils vermochte auch ein weiterer Franzose, der Abbé Charles-Francois Castel de Saint-Pierre nichts, der sich, von Begeisterung und Optimismus über sein friedensstiftendes Werk hingerissen, den Vornamen Charles-Iréné gab. 1713 veröffentlichte er seinen „Traktat vom ewigen Frieden" in dem er in zwölf, teilweise bis ins kleinste Detail gehenden „Grundartikeln" das Programm des von ihm vorgeschlagenen Staatenbundes umriss. Erstes Ziel: „Es besteht von diesem Tag an zwischen den unterzeichneten Herrschern ein dauerndes, ewiges Bündnis zum Zweck der Unterhaltung eines ununterbrochenen Friedens." Ein Bundesrat war dazu ausersehen, diesen ewigen Frieden zu organisieren. Die bis in Einzelheiten gehende Ausgestaltung seines Planes vom ewigen Frieden machte das Vorhaben des Abbé Charles-Iréné Castel de Saint-Pierre für die europäischen Regierungen und Herrscher seiner Zeit auch nicht attraktiver. Kein absoluter Monarch konnte sich vermutlich auch nur vorstellen, den Rezepten eines fantasiereichen französischen Geistlichen zu folgen und eigene Machtvollkommenheit einem Bundesrat zu delegieren.

Immanuel Kant dachte in seinem Traktat „Zum ewigen Frieden", 1795 unter dem Eindruck der Französischen Revolution geschrieben, über den Frieden als Staatsziel nach. Wie schwierig es um solche theoretischen Friedensüberlegungen bestellt ist, hatte schon der Philosoph Gottfried Wilhelm Leibniz – vielleicht auch, weil er selbst vergeblich in diplomatischen

Friedensmissionen unterwegs war – in einem markanten Satz formuliert: „Der ewige Friede passt als Aufschrift über Kirchhofspforten, denn nur die Toten schlagen sich nicht mehr."

Johann Caspar Bluntschli, 1808 in Zürich geborener Jurist und Mitbegründer des Internationalen Instituts für Völkerrecht in Genf, präsentierte 1876 seine Gedanken über die „Organisation des europäischen Staatenvereins". Allen, die wie der Schweizer im 19. Jahrhundert europäische Ideen dachten und europäische Pläne schmiedeten, ging es neben Einheit und Frieden des Kontinents um mehr Freiheit für die Menschen in Europa. Schon ein Vierteljahrhundert vor Bluntschli hatte der Dichter Victor Hugo in der Gesetzgebenden Versammlung in Paris, deren Mitglied er war, für eine Sensation gesorgt. „Das französische Volk hat in einem unzerstörbaren und inmitten des alten monarchischen Festlandes aufgerichteten Granitblock die erste Mauerschicht jenes ungeheuren Gebäudes der Zukunft eingerichtet, das sich eines Tages die Vereinigten Staaten von Europa nennen wird," rief Hugo am 17. Juli 1851 seinen Kollegen zu, die mit Erstaunen und Überraschung, mit Entsetzen und Erschrecken auf diesen Aufruf für ein neues und freies Europa reagierten. Und noch vor Hugo hatte 1834 der damals 29jährige Giuseppe Mazzini, Vorkämpfer einer geeinten und freien Republik Italien, im Gleichklang mit der Freiheitsbewegung in seinem Geheimbund „Junges Europa" den ganzen Kontinent ins Auge gefasst: „Es ist das alte Europa, das zusammenbricht; es ist die Zeit, die eine Epoche zernagt. Es ist das junge Europa, das aufsteht, es ist die Geburt einer Epoche; es ist der Hauch Gottes, welcher den Völkern die Sonne der Freiheit verkündet."

Dem idealistischen Eifer von Hugo und Mazzini trat der nüchterne Schweizer Jurist Bluntschli mit einem klaren Blick auf die Realität entgegen. Er bemühte sich, die Staaten so zu sehen, wie sie sind, und nicht, wie sie vielleicht idealerweise sein sollten. Die Parallelen, die sich dabei zur heutigen Situation mit ihren Spannungen zwischen nationaler Souveränität und supranationaler Kompetenz ergeben, sind frappierend. Bluntschli: „Die europäischen Staaten fühlen sich als souveräne Personen und sind alle entschlossen, ihre Hoheit zu behaupten und sich einer Oberherrlichkeit anderer Staaten zu entziehen. Sie können daher wohl für bestimmte gemeinsame Zwecke mit anderen Staaten zusammenwirken, aber sie werden sich nicht freiwillig einer Verfassungsmacht unterordnen, welche ihnen als eine fremde erscheint." Ausgehend von dieser pragmatischen und von der Entwicklung der 150 Jahre seither eher bestätigten als widerlegten Einschätzung erkannte Bluntschli jede Verfassung für Europa für unausführbar, die einen neuen europäischen Gesamtstaat, in dem bisher souveräne Staaten aufgehen sollten, zum Ziel haben wollte: „Die Form eines Bundesstaates, nach Art der Union der Vereinigten Staaten von Amerika oder der Schweizerischen Eidgenossenschaft und ebenso die Verfassung eines Bundesreiches mit einer Hauptstadt, nach Analogie des Deutschen Reiches, sind für Europa nicht anwendbar."

Bluntschli, der 1881 in Karlsruhe starb, glaubte nicht, mit seinem Plan besonders sensationelle Vorstellungen entwickelt zu haben: „Der neue Vorschlag einer europäischen Bundesverfassung ist nicht glänzend und er ist nicht ungewöhnlich, er ist nüchtern und bescheiden; aber in dem er sich an die realen Mächte hält und diesen die Erfüllung der höheren idealen Aufgaben anvertraut, ist er, wie ich hoffe, eher ausführbar und wirkungsvoller als die früheren Pläne." Aber auch der Zweifel bleibt, und er äußert sich in einer bohrenden Frage: „Ob und wann ein weitsichtiger und weitherziger Staatsmann es unternehmen werde, die Idee zu verwirklichen, ist zur Zeit noch unklar."

Der großherzige und weitsichtige europäische Staatsmann fand sich nicht. Des Schweizers Bluntschli Pläne gerieten ebenso zur unverbindlich-theoretischen europäischen Übung wie ähnliche Vorstöße davor. Der ewige Friede, von Bluntschli zwar nicht als grundsätzlich zu sichern, so doch als möglich gesehen, stellte sich nicht ein. Zwar konnte sich Europa von 1815 bis 1914 seines relativ friedlichsten Jahrhunderts der neueren Geschichte erfreuen, wenn auch der deutschfranzösische Krieg von 1870/71 ein anderes blutiges Zeichen setzte und schlimmste Ahnungen für die Zukunft aufkommen lassen musste. Immerhin blieb in Europa ein friedensstiftendes Gleichgewicht für Jahrzehnte gewahrt. Erst als Otto von Bismarck nicht länger die deutsche Politik bestimmte und die europäische Politik maßgeblich beeinflusste, kam es zu gefährlichen Bündnisformationen: Frankreich, Russland und England standen in der Triple-Allianz gegen den Dreierbund aus Deutschland, Österreich-Ungarn und Italien. Der beispielhafte pazifistische und Ländergrenzen überschreitende Einsatz Bertha von Suttners und ihrer Freunde, ihr unermüdliches Agitieren für Frieden unter den Völkern, ihre Warnungen vor einem großen europäischen Krieg verhallten. Auch der Friedensnobelpreis, der von Alfred Nobel ihretwegen gestiftet und mit dem sie 1905 ausgezeichnet worden war, blieb ein Signal ohne Wirkung. Der Traum vom friedlich-schiedlichen Nebeneinander oder gar

Miteinander der europäischen Staaten ging im Weltkrieg von 1914/18 unter. Die kontinentale Schlacht wurde global. Eine außereuropäische Macht, die Vereinigten Staaten von Amerika, griff nicht nur ein, sie gab den Ausschlag, und sie gewann den Krieg.

Der englische Historiker Christopher Clark, bekannt geworden durch seine Geschichte Preußens, hat in seiner 2013 erschienenen Untersuchung der Ursachen des Kriegsausbruchs festgestellt, dass es sich dabei um keinen „Thriller" handle, nach dessen Ende man gewissermaßen einen Schuldigen auf frischer Tat ertappe: „In dieser Geschichte gibt es keine Tatwaffe als unwiderlegbaren Beweis, oder genauer: Es gibt sie in der Hand jedes einzelnen wichtigen Akteurs. So gesehen war der Kriegsausbruch eine Tragödie, kein Verbrechen." Wenn man dies anerkenne, so heiße das keineswegs, dass man die kriegerische und imperialistische Paranoia der österreichischen und deutschen Politiker kleinreden wolle. Aber: „Die Deutschen waren nicht die einzigen Imperialisten, geschweige denn die einzigen, die unter einer Art Paranoia litten. Die Krise, die im Jahre 1914 zum Krieg führte, war die Frucht einer gemeinsamen politischen Kultur. Aber sie war darüber hinaus multipolar und wahrhaft interaktiv – genau das macht sie zu den komplexesten Ereignissen der Moderne, und eben deshalb geht die Diskussion um den Ursprung des Ersten Weltkriegs weiter, selbst ein Jahrhundert nach den tödlichen Schüssen Gavrilo Princips in der Franz-Joseph-Straße in Sarajewo." Eins liegt für Christopher Clark auf der Hand: „Kein einziges der Anliegen, für die die Politiker von 1914 stritten, war die darauf folgende Katastrophe wert." Und er sieht in den Protagonisten von 1914 „Schlafwandler" – „wachsam, aber blind, von Albträumen geplagt, aber unfähig, die Realität der Gräuel zu erkennen, die sie in Kürze in die Welt setzen sollten".

Das alte Europa, „die Welt von gestern" nannte es Stefan Zweig, existierte nicht mehr. Ein geschichtliches Zeitalter war zu Ende, die Kraft des Kontinents durch den Sturz von Herrschern und Reichen, durch Not und Elend gelähmt. Nach dem Kriegsausbruch, am Abend des 3. August 1914, sagte der britische Außenminister Edward Grey zu einem Freund, mit dem er an einem Fenster des Foreign Office in London stand: „In ganz Europa gehen die Lichter aus, wir werden sie in unserem Leben nie wieder leuchten sehen." Diese Worte wurden zu einem der bekanntesten und wahrsten Sätze der letzten hundert Jahre.

„Europa war gestern ein Schlachtfeld; heute ist es ein Anachronismus, morgen wird es ein Staatenbund sein." Dieser überraschende Satz fiel zu einer Zeit, als der Erste Weltkrieg in der Erinnerung noch frisch und in seinen bösen Folgen tägliche Realität war, als jedes europäische Land noch über jedes übliche Maß hinaus mit eigenen Problemen eingedeckt war, als Vorstellungen vom „Erbfeind" gepflegt wurden und das Sich-Abfinden-Müssen mit neuen Ordnungen und Systemen die Menschen überforderte. Hinzu kam, dass dieser lapidare Satz, dass Europa morgen ein Staatenbund sein werde, von jemand vorgetragen wurde, der weder Macht noch Einfluss, weder ein Amt noch einen großen Namen hatte. Richard Graf Coudenhove-Kalergie, 1894 in Tokio als Sohn des österreichisch-ungarischen Geschäftsträgers geboren, hatte 1922 die Paneuropa-Bewegung gegründet. 1923 erschien sein Buch „Paneuropa", 1926 wurde er Präsident der Paneuropa-Union, initiierte im gleichen Jahr den ersten Paneuropäischen Kongress in Wien.

Bei diesem Kongress wurde der Gedanke Schlachtfeld-Anachronismus-Staatenbund entwickelt: „Europa liegt geographisch, geistig, politisch in der Mitte der Welt; mit seiner großen Mutter Asien verbunden durch die russische, mit seiner großen Tochter Amerika durch die britische Welt. Rings um Europa entstehen und erneuern sich alte Welten. Diese Welten verkörpern das zwanzigste Jahrhundert, während Europa noch im neunzehnten befangen bleibt, mit alten Problemen, alten Konflikten, alten Organisationsformen, alten Vorurteilen, Europa bleibt alt und zerrissen, während die Welt sich verjüngt und zu neuen Formen zusammenschließt." Von dieser Ausgangsposition aus sah Coudenhove-Kalergie die Weichenstellungen für die kommenden Jahre, wenn nicht in die Speichen des Schicksals gegriffen würde, in düstersten Farben: „Diese Entwicklung führt zum Untergang Europas durch Krieg, Elend, Anarchie – wenn es nicht gelingt, das europäische Gewissen in letzter Stunde zu wecken."

Paneuropa, das ganze Europa – die Überwindung seiner inneren Grenzen war das große Ziel des visionären Denkers. Erfolge von Ideen sind nicht ohne weiteres messbar – dennoch steht außer Zweifel, dass Coudenhove-Kalergie mit seinen Aktionen und Vorstößen nicht wenige europäische Politiker seiner Zeit beeindruckt und beeinflusst hat. Als besonders sicher gilt dies bei zwei Staatsmännern, dem Franzosen Aristide Briand und dem Deutschen Gustav Stresemann, die beide bis an den Rand ihrer Kräfte und darüber hinaus für Ausgleich und Frieden gekämpft haben. Zu groß waren die Widerstände auf allen Seiten, als dass die von Briand und Stresemann hochgehaltene Fackel der deutsch-französischen Zusammenarbeit und des europäischen Friedens nach deren Ausscheiden aus der Politik hätte weitergegeben werden können. Das Unheil nahm seinen Lauf, rollte über einst hoffnungsvolle europäische Ansätze hinweg. Die Lehren aus dem Ersten Weltkrieg und seinen furchtbaren Folgen waren nicht gezogen worden. Das Tor zum Zweiten Weltkrieg mit seinen noch entsetzlicheren Folgen war aufgestoßen.

Europa blutete noch aus allen Wunden, die Krieg und Gewaltherrschaft ihm geschlagen hatten, seine Toten waren noch nicht begraben, seine Trümmer noch nicht einmal in Ansätzen weggeräumt, das Leid seiner Völker war unsagbar, Verbitterung, Schrecken und Hass unter den Nationen schienen grenzenlos – und schon bliesen die Befürworter eines geeinten Kontinents wieder zum Sammeln, zum Trittfassen auf einem Weg, dessen Ziel kaum mehr auszumachen schien, zum Aufbau vom Punkte Null an. Für einen Ausweg aus dem europäischen Elend kam ein Signal von einer Seite, von der man dies am wenigsten erwarten konnte und erwartet hatte. So war das Aufsehen beträchtlich, das Winston Churchill, wiewohl zu dieser Zeit von seinen Landsleuten trotz gewonnenen Krieges abgewählt und nur noch Oppositionsführer im Unterhaus, mit seiner historisch gewordenen Züricher Rede erregte.

Am 19. September 1946 hielt er in der Aula der Universität ein Plädoyer für Europa, wie man es weder zu diesem Zeitpunkt noch von diesem Manne erwarten konnte. Churchill war darauf bedacht, die Reihen des Westens wieder zu festigen. Hätten die Vereinigten Staaten von Amerika , argumentierte Churchill, nicht begriffen, dass der Untergang oder die Versklavung Europas auch ihr eigenes Schicksal besiegeln würde, und hätten die USA nicht zu Beistand und Führung die Hand gereicht, so wären mittelalterliche

Grausamkeit und Elend zurückgekehrt – und solches könnte, Großbritanniens Kriegspremier hatte den angebrochenen Kalten Krieg und die sowjetische Bedrohung im Auge, immer noch geschehen. Und doch gebe es ein Mittel, das, würde es allgemein und spontan angewendet, wie durch ein Wunder den ganzen Schauplatz verändern könne, um Europa oder dessen größten Teil so frei und so glücklich wie die Schweiz zu machen: „Es ist die Neuschöpfung der europäischen Völkerfamilie, in der der Friede, die Sicherheit und die Freiheit bestehen können."

Zwangsläufig stellte sich auch Churchill, dem großen und siegreichen Kriegsgegner der Deutschen, die Frage, welchen Platz und welchen Rang das zu diesem Zeitpunkt in wirtschaftlichen und politischen Trümmern liegende Deutschland einzunehmen hätte. Was der britische Politiker hierzu sagte, demonstriert staatsmännische Weitsicht ebenso wie menschliche Größe: „Der Schuldige muss bestraft werden, Deutschland muss daran gehindert werden, sich wieder zu bewaffnen und einen neuen Angriffskrieg zu entfesseln. Aber wenn als das getan sein wird – und es wird getan werden, weil man es bereits tut –, dann muss die Vergeltung ein Ende haben. Dann muss stattfinden, was Gladstone vor vielen Jahren ‚einen gesegneten Akt des Vergessens' genannt hat." Churchill befasste sich aber nicht nur mit dem politischen Umgang mit den Deutschen, er sah auch andere wesentliche Notwendigkeiten und wusste, dass er damit Erstaunen auslösen würde: „Der erste Schritt zu einer Neuschöpfung der europäischen Völkerfamilie muss durch die Partnerschaft Deutschland-Frankreich geschehen. Ohne ein geistig großes Frankreich und ein geistig großes Deutschland kann Europa nicht wieder aufleben. Wenn das Gefüge der Vereinigten Staaten von Europa gut und redlich gebaut ist, so wird die materielle Stärke einzelner Staaten weniger wichtig sein. Kleine Nationen werden genauso viel zählen wie große, durch ihren Beitrag an die gemeinsame Sache werden sie ihren Rang sichern." Freilich, eines konnte sich Churchill nicht vorstellen – dass sein Großbritannien einem solchen Europa angehören könnte.

Neben Churchill machten sich auch andere europäische Politiker, und selbstverständlich auch deutsche, nach Kriegsende und auch schon davor ernsthaft Gedanken über Europa. „Ich bin Deutscher, aber ich bin und war auch immer Europäer und habe als solcher gefühlt. Deshalb habe ich mich von jeher für eine Verständigung mit Frankreich eingesetzt, ohne die ein Europa nicht möglich ist, und bin in den zwanziger Jahren bei den schwersten Krisen bei der Reichsregierung dafür eingetreten", schrieb Konrad Adenauer in seinen „Erinnerungen" im Rückblick auf das Jahr 1945. Er sah in einem geeinten Europa die beste und dauerhafteste Sicherung der westlichen Nachbarn Deutschlands: „Die Angst, die in Frankreich vor einem wieder erstarkten Deutschland bestand und eine Zerstückelung Deutschlands forderte, scheint mir völlig unbegründet. Deutschland lag nach 1945 militärisch, wirtschaftlich und politisch am Boden. Und nach meiner Meinung gab dieser Zustand genügend Sicherung dafür, dass von diesem Deutschland für Frankreich keine Gefahr herauskommen konnte."

Auch aus Frankreich kam, schon im August 1945, ein ermutigendes Wort. „Franzosen und Deutsche müssen einen Strich unter die Vergangenheit ziehen, zusammenarbeiten und eingedenk sein, dass sie Europäer sind", hatte General Charles de Gaulle, später einer der festen Anker der deutsch-französischen Freundschaft, in einer Rede in Saarbrücken konstatiert. „Diese Worte erfüllten mich mit großer Hoffnung für Deutschland und für die Verwirklichung meiner Hoffnungen auf ein vereinigtes Europa", schrieb Konrad Adenauer hierzu.

Der wirtschaftliche Aufbau des vom Krieg zerstörten Europas – und in dessen Gefolge auch das politische Zusammenrücken seiner Völker – wäre ohne die Hilfe der Vereinigten Staaten von Amerika nicht so rasch in Gang gekommen. Die USA standen frühzeitig mit Initiativen bereit, der drohende Schatten, den das kommunistische Imperium von Moskau aus auf Europa warf, beschleunigte die Bereitschaft dazu. Am 5. Juni 1947 entwickelte US-Außenminister George Marshall in einer Rede an der Harvard University die Grundzüge des später nach ihm benannten Plans zur Unterstützung des europäischen Wiederaufbaus. Die Rolle der USA sollte beschränkt sein auf freundschaftliche Hilfe bei der Ausarbeitung eines europäischen Hilfskonzeptes und in dessen späterer Unterstützung. Es sollte ein wenn schon nicht von allen, so doch von der Mehrheit der europäischen Staaten zu vereinbarendes gemeinsames Vorhaben sein. Die Initiative, und daran ließ Marshall keinen Zweifel, müsse von Europa ausgehen. Dankbar und schnell ergriff Europa das amerikanische Angebot.

In Paris kamen die Vertreter von sechzehn europäischen Staaten zusammen, um die Grundlagen für die amerikanische Hilfe zu schaffen. Das dabei zustande gekommene Memorandum wurde im Sommer 1947 der US-Regierung zugeleitet und von ihr akzeptiert. Die Voraussetzungen für den wirtschaftlichen Wiederaufbau Europas waren geschaffen, der Marshall-Plan wurde in die Tat umgesetzt, das European Recovery Program (ERP) begann. Um dieses Programm zu organisieren, gründeten 17 europäische Staaten und die Militärgouverneure aus den drei westdeutschen Besatzungszonen die OEEC (Organization for European Economic Cooperation), die Organisation für die Europäische Wirtschaftliche Zusammenarbeit. Die Geberländer USA und Kanada wurden assoziierte Mitglieder. Wichtigster Programmpunkt der OEEC: Eine gesicherte und gesunde europäische Wirtschaft, die in Zusammenarbeit der Einzelstaaten aufgebaut und von ihnen gemeinsam konsolidiert werden sollte.

Die Organisation der europäischen Einigung hatte begonnen. Über manche Zwischenstufen – Europäische Gemeinschaft für Kohle und Stahl (Montanunion), Europäische Atomgemeinschaft (EURATOM), Europäische Wirtschaftsgemeinschaft (EWG) – entstand die Europäische Union (EU), wie wir sie heute haben.

Vergessene Prinzipien: Weder Subsidiarität noch Föderalismus

Höhen und Tiefen, Hoffnungen und Krisen, Erwartungen und Enttäuschungen gehören zum Werden und Bestehen der Europäischen Union. Im Kampf um Kompromisse droht das Grundsätzliche, das, was Europa ausmacht oder zumindest ausmachen sollte, unterzugehen. Entscheidende Orientierungslinien für die Gestaltung eines geeinten Kontinents, an denen sich die europäische Politik und die Politik für Europa auszurichten hat, sind im Grundsatz unbestritten, in der Praxis aber werden sie gründlich missachtet.

So soll das Prinzip der Subsidiarität von grundlegender Bedeutung für die Arbeitsweise der Europäischen Union und vor allem auch für ihre Entscheidungsfindung sein. In Punkt 1 des Artikels 5 des EU-Vertrages ist diese eigentlich eherne Regel festgeschrieben: „Für die Abgrenzung der Zuständigkeiten der Union gilt der Grundsatz der begrenzten Einzelermächtigung. Für die Ausübung der Zuständigkeiten der Union gelten die Grundsätze der Subsidiarität und der Verhältnismäßigkeit." Damit keine Missverständnisse aufkommen können, heißt es weiter in Punkt 2, dass alle der Europäischen Union in den Verträgen nicht übertragenen Zuständigkeiten bei den Mitgliedstaaten verbleiben. Und weiter in Punkt 3: „Nach dem Subsidiaritätsprinzip wird die Union in den Bereichen, die nicht in ihre ausschließliche Zuständigkeit fallen, nur tätig, sofern und soweit die Ziele der in Betracht gezogenen Maßnahmen von den Mitgliedstaaten weder auf zentraler noch auf regionaler oder lokaler Ebene ausreichend verwirklicht werden können, sondern vielmehr wegen ihres Umfangs oder ihrer Wirkungen auf Unionsebene besser zu verwirklichen sind."

Mit großer Klarheit wird fortgefahren: „Die Organe der Union wenden das Subsidiaritätsprinzip nach dem Protokoll über die Anwendung der Grundsätze der Subsidiarität und der Verhältnismäßigkeit an." Auch die Parlamente der einzelnen Mitgliedstaaten der Europäischen Union – für Deutschland also der Bundestag – werden in die Pflicht genommen: "Die nationalen Parlamente achten auf die Einhaltung des Subsidiaritätsprinzips nach dem in jenem Protokoll vorgesehenen Verfahren." Und in diesem Protokoll steht im Artikel 1: „Jede Institution trägt stets für die Einhaltung der niedergelegten Grundsätze der Subsidiarität und der Verhältnismäßigkeit Sorge."

Das ist die Theorie. Die Praxis sieht anders aus. Um nur eins von hunderten oder mehr abwegigen Beispielen zu nennen: Erst erbitterter öffentlicher Widerstand aus einzelnen Mitgliedstaaten konnte die Kommission davon abhalten, bestimmend und vorschreibend und Europa-zentralistisch einzugreifen, wie und in welcher Art Flasche auf den Tischen der europäischen Restaurants Olivenöl zu präsentieren sei.

In Artikel 2 des Protokolls über die Anwendung der Grundsätze der Subsidiarität wird der Brüsseler Kommission vorgeschrieben: „Die Kommission führt umfangreiche Anhörungen durch, bevor sie einen europäischen Gesetzgebungsakt vorschlägt. Dabei ist gegebenenfalls der regionalen und lokalen Bedeutung der in Betracht gezogenen Maßnahmen Rechnung zu tragen." Die Frage drängt sich auf: Hat die EU-Kommission über die Ölfläschchen-Frage eine "umfangreiche Anhörung" durchgeführt? Hat sie dabei „der regionalen und lokalen Bedeutung der in Betracht gezogenen Maßnahme" Rechnung getragen und hat die Kommission dann in kühnem Zugriff eine europaweit einheitliche Regelung des Ölflaschenproblems für zwingend und unabweisbar gehalten? Die Fragen führen ins europäische Absurdistan. Von der Idee der Subsidiarität jedenfalls ist in solchem zentralistischen Agieren nichts mehr zu finden. Der Vorgang zeigt an einem einzigen Exempel, warum die Europabegeisterung früherer Jahrzehnte und Jahre mehr und mehr einem europäischen Verdruss, einer Europa-Müdigkeit der Menschen weicht, geboren aus einem zunehmenden Unverständnis für das, was in Brüssel geschieht.

Der Gedanke der Subsidiarität ist alt. Er umfasst in seinem Kern die natürliche Vorstellung, dass das, was man selbst tun kann, nicht andere tun müssen, und dass das, was die kleinere Einheit erledigen kann, nicht an eine größere Einheit weitergereicht werden muss. In seiner berühmten Enzyklika „Rerum novarum", der „Mutter aller Sozialenzykliken", hat Papst Leo XIII. im Jahre 1891 erste Grundüberlegungen zum Gedanken der Subsidiarität niedergeschrieben, wonach der Staat als die nächste Instanz eingreifen solle, wenn sich der Einzelne nicht mehr zu helfen wisse. In diesem Sendschreiben des Papstes heißt es, dass es „ein gewaltiger und verderblicher Irrtum ist zu fordern, dass das Gutdünken der staatlichen Gewalt bis in das Innerste von Haus und Heim regiert. Allerdings, wenn eine Familie sich in schwerster Bedrängnis und Ratlosigkeit befände, aus der sie sich in keiner Weise aus eigener Kraft befreien kann, dann ist es gewiss am Platze, diesem äußersten Notstand abzuhelfen".

Im vierzigsten Jahr nach der Enzyklika Leo des XIII. äußert sich Papst Pius XI. in seiner nach diesem Zeitabstand benannten Enzyklika „Quadragesimo anno" in großer Tiefe und Breite zu sozialen Fragen. Auf die Frage der Subsidiarität wird dabei ein wichtiger Akzent gesetzt: „Wenn es nämlich zutrifft, was ja die Geschichte deutlich bestätigt, dass unter den veränderten Verhältnissen manche Aufgaben, die früher leicht von kleineren Gemeinwesen geleistet wurden, nur mehr von großen bewältigt werden können, so muss doch allzeit unverrückbar jener allgemeine sozialphilosophische Grundsatz festgehalten werden, an dem nicht zu rütteln und nicht zu deuten ist: Wie dasjenige, was der Einzelmensch aus eigener Initiative und mit seinen eigenen Kräften leisten kann, ihm nicht entzogen und der Gesellschaftstätigkeit zugewiesen werden darf, so verstößt es gegen die Gerechtigkeit, dass das, was die kleineren und untergeordneten Gemeinwesen leisten und zum guten Ende führen können, für die weitere und übergeordnete Gemeinschaft in Anspruch zu nehmen sei; zugleich ist es überaus nachteilig und verwirrt die ganze Gesellschaftsordnung." Im Grundsätzlichen wird der Papst dann noch grundsätzlicher: „Jedwede Gesellschaftstätigkeit ist ja ihrem Wesen und Begriff nach subsidiär; sie soll Glieder des Sozialkörpers unterstützen, darf sie aber niemals zerschlagen oder aufsaugen."

Die von Pius XI. aufgezeigte Ordnung und Verantwortlichkeit des Einzelnen und der Gemeinschaft ist auch im Umfeld der damaligen Zeitverhältnisse – 1931 – zu sehen. Die totalitären Systeme des Kommunismus und des Faschismus entwickelten und verstärkten sich, eine wirtschaftlich und technisch bedingte Zunahme von Bürokratie und Zentralismus griff um sich. Die notwendigen und positiven sozialpolitischen Aktivitäten des Staates uferten in Richtung eines allgemeinen Zuständigkeitsanspruchs aus. Der Mensch, der im Mittelpunkt allen gesellschaftlichen und staatlichen Handelns zu stehen hat, wurde mehr und mehr in den Hintergrund gedrängt.

Weltweit verbreitet, fand der Gedanke der Subsidiarität vor allem in den Diskussionen des demokratischen Wiederaufbaus Deutschlands seinen Niederschlag. Furchtbare geschichtliche Erfahrungen hatten ihre Spuren hinterlassen. Mit dem Subsidiaritätsprinzip sollte die Freiheit des Einzelnen gesichert, dem Missbrauch der Freiheit aber auch entgegengetreten werden. Der 1949 zur Vorbereitung des Grundgesetzes in Bayern, auf Herrenchiemsee, tagende Verfassungskonvent hätte gerne den Satz, dass der Staat nur um des Menschen willen da sei, nicht der Mensch um des Staates willen, im Grundgesetz gesehen. Das Prinzip der Subsidiarität, also einer gestaffelten Zuständigkeit im Staatsaufbau, fand dann in der föderalistischen Ordnung im Grundgesetz der Bundesrepublik Deutschland ihren Niederschlag. Im Grundsatz des Staatsaufbaus „von unten nach oben", nach dem der Bundesstaat Bundesrepublik Deutschland organisiert ist, drückt sich der Gedanke der Subsidiarität aus.

Die lebhafte politische Diskussion, die es nach 1945 in Deutschland über Subsidiarität und Föderalismus gab, war auch ein Ergebnis des furchtbaren Verlaufs und des furchtbaren Ergebnisses der nationalsozialistischen Herrschaft, die nach zwölfjähriger Gewaltherrschaft Deutschland und weite Teile Europas in ein historisch noch nie dagewesenes Unglück gestürzt hatte. Die Frauen und Männer, die sich an den demokratischen Wiederaufbau Deutschlands machten, erinnerten sich noch gut daran, dass die Ausrottung des Föderalismus aus der staatlichen

Ordnung Deutschlands eine der ersten Taten des Nationalsozialismus war. Schon am ersten Jahrestag von Adolf Hitlers Machtergreifung, am 30. Januar 1934, wurden in einem Gesetz über den „Aufbau des Deutschen Reiches" die deutschen Länder endgültig ausradiert. In eisiger Kürze hieß es dazu in Artikel 1: „Die Volksvertretungen der Länder werden aufgehoben." Der Artikel 2 verkündete: „Die Hoheitsrechte der Länder gehen auf das Reich über. Die Landesregierungen unterstehen der Reichsregierung."

Für Länder im bisherigen Sinne und für Landesgrenzen sei im neuen nationalsozialistischen Deutschland kein Platz mehr, alle Macht gehe künftig von Berlin aus, jubelte Hitlers Reichsinnenminister Wilhelm Frick. Seinen Triumph über diesen Tod des Föderalismus in Deutschland artikulierte Frick in einer Ansprache über die deutschen Rundfunksender: „Wenn die Weimarer Verfassung die Rechte der Bundesverfassung der Bismarck'schen Verfassung ganz erheblich beschnitt, so blieb doch immerhin dieses Gebilde trotz Beseitigung der Dynastien der Länder mit einer gewissen selbständigen Staatsgewalt bestehen. Von heute an gibt es keine selbständige Landeshoheit mehr. Träger der gesamten Staatsgewalt ist ausschließlich das Reich. Der Einheit des nationalen Willens entspricht die Einheit der Staatsführung. Für alle Zeiten ist damit irgendwelchen separatistischen oder föderalistischen Bestrebungen ein verfassungsmäßiger Riegel vorgeschoben. Deutschland ist aus einem Bundesstaat zu einem Einheitsstaat geworden." Die Feindschaft gegenüber dem Föderalismus und seine Bekämpfung gehörten zum militanten Kernbestand der nationalsozialistischen Ideologie und ihrer Verfechter. In Pamphleten mit Titeln wie „Das Reich und die Krankheit der europäischen Kultur" wurde der nationalsozialistische

Einheitsstaat als Ergebnis des „wahren germanischen Föderalismus" gefeiert.

Es ist also kein Zufall, dass gerade der deutsche Widerstand dort, wo er sich um die deutsche Nachkriegsordnung sorgte, klare föderalistische Ziele im Auge hatte. Dabei ging der Blick oft auch über die deutschen Grenzen hinaus und richtete sich auf die Zukunft Europas. Eine „europäische Föderation freier Staaten oder Nationen" war das große Ziel. Dabei dürfe die Zusammenfassung Europas „nicht roh und rücksichtslos durch Gleichschaltung" erfolgen, wie Carl Friedrich Gördeler, der vom nationalsozialistischem Regime hingerichtete ehemalige Leipziger Oberbürgermeister, formulierte. Sein Weg: „Die Nationalstaaten Europas müssen volle Freiheit haben, ihre inneren Verhältnisse so zu gestalten, wie sie es ihren Eigenarten und Bedürfnissen entsprechend tun wollen."

Voraussetzung für eine solche Entwicklung sei, „dass Deutschland rücksichtslos den Zentralismus abbaut und seine gute, gediegene Selbstverwaltung in den Gemeinden, in den Verwaltungskreisen und in den deutschen Ländern wieder herstellt". Die Geschwister Sophie und Hans Scholl, die ihren Widerstand gegen Hitler und sein Regime mit ihren jungen Leben bezahlten, sahen im Föderalismus ebenfalls ihre einzige staatspolitische Hoffnung. In ihrem im November 1942 vertriebenen Flugblatt „Aufruf an alle Deutsche" heißt es: „Jede zentralistische Gewalt, wie sie der preußische Staat in Deutschland und Europa auszuüben versucht hat, muss im Keime erstickt werden. Das kommende Deutschland kann nur föderalistisch sein. Nur eine gesunde föderalistische Staatsordnung vermag heute noch das geschwächte Europa mit neuem Leben zu erfüllen."

Diese Gedanken waren nicht verschüttet, als es unmittelbar nach Kriegsende und in den Jahren des demokratischen Aufbaus um das neue Gesicht eines deutschen Staates ging. So bricht in der Kompetenzverteilung zwischen Bund und Ländern in Deutschland die Idee der Subsidiarität und damit des Föderalismus kräftig durch. Die Bundesrepublik Deutschland ist nicht als übermächtiger Zentralstaat, sondern als ein auf 16 Länder gegründeter Bundesstaat konzipiert. Zudem, und verfassungsgeschichtlich nicht ohne Bedeutung: Ehe es den Bund gab, gab es die Länder. Vor allem Bayern weist nicht ohne Stolz auf seinen demokratischen Vorsprung hin: Am 1. Dezember 1946, inmitten der Not der Nachkriegszeit, als der Freistaat noch in Schutt und Asche lag und aus allen Wunden des Krieges blutete, stimmte das bayerische Volk mit großer Mehrheit für die Verfassung seines neuen demokratischen Freistaates. Demgegenüber wurde das Grundgesetz für die Bundesrepublik Deutschland erst am 23. Mai 1949 vom Parlamentarischen Rat verabschiedet. Die Verfassung des Freistaates Bayern gab wichtige Orientierung für die gesamte Verfassungsentwicklung in Deutschland. Sie formte ein Gegenprogramm zur gescheiterten Verfassung der Weimarer Demokratie, zur nationalsozialistischen Staatsordnung erst recht.

Grundrechte werden gewährleistet, der Satz von der Achtung der Menschenwürde wird zu deutschem Verfassungsrecht. Die Bayerische Verfassung wurde als Konstitution eines Vollstaates geschrieben und nicht eines Teilstaates, der sowieso in einem größeren Ganzen aufzugehen habe. Zwar ist Bayern durch die Gründung der Bundesrepublik Deutschland zu einem „teilsouveränen" Staat geworden, aber er ist weit mehr als eine Bundesprovinz, obwohl er – mittlerweile nicht nur aus Berlin, sondern auch aus Brüssel – immer wieder so behandelt wird.

Dabei ging das Drängen auf die Schaffung eines föderalistischen neuen deutschen Staates nicht nur von Bayern, nicht nur von der dort dominierenden Christlich-Sozialen Union und auch nicht nur von großen bayerischen Sozialdemokraten wie Wilhelm Hoegner und seinen Gefolgsleuten aus. Auch die Gründer der Christlich-Demokratischen Union lehnten den zentralisierten Aufbau eines gesamtdeutschen Staates ab und wollten die Wiederherstellung der Selbstverwaltung von Ländern und Gemeinden. In den im Juni 1945 verabschiedeten „Kölner Leitsätzen", dem vorläufigen Entwurf eines CDU-Programms, wird der Zentralismus als „undeutsch" abgelehnt: „Deutschland gliedert sich in selbständige freie Länder. Ihr Zusammenschluss erfolgt in der Form des freien republikanischen Bundes. Die überlieferte deutsche Selbstverwaltung der Gemeinden und provinzialen Verbände wird wieder hergestellt."

Dennoch, der Kampf um das Grundgesetz, um eine föderalistische und länderstärkende Grundordnung des im demokratischen Wiederaufbau entstehenden neuen Deutschlands wurde von Bayern aus mit besonderem Einsatz geführt. Die Entstehung des Bundesrates geht auf diese Bemühungen zurück. Wichtige Artikel des Grundgesetzes artikulieren die besondere Rolle und Bedeutung der Länder, mit deren Hilfe ein zentralistisches Übergewicht des Bundesstaates verhindert werden sollte. Im Artikel 30, der die Funktionen der Länder beschreibt, heißt es lapidar: „Die Ausübung der staatlichen Befugnisse und die Erfüllung der staatlichen Aufgaben ist Sache der Länder, soweit dieses Grundgesetz keine andere Regelung trifft oder zulässt." In Artikel 70 wird das Recht der

Länder zur Gesetzgebung markiert, in Artikel 83 der Grundgesetz der Länderexekutive festgeschrieben: „Die Länder führen die Bundesgesetze als eigene Angelegenheit aus, soweit dieses Grundgesetz nichts anderes bestimmt oder zulässt."

Trotz dieser und anderer Eckpunkte eines Staatsaufbaus „von unten nach oben", in dem der Grundgedanke der Subsidiarität ebenso zum Ausdruck kommt wie das Baugesetz einer föderalistischen Staatsordnung, ging die innere Entwicklung der Bundesrepublik in eine andere einseitige Richtung. In den bald 65 Jahren seit Bestehen des Grundgesetzes ist das damals zumindest annähernd beabsichtigte Gleichgewicht zwischen Bund und Ländern zu Lasten der Länder massiv aus dem Gleichgewicht geraten. Jeder Zentralregierung, ob sie früher in Bonn oder jetzt in Berlin ihren Sitz hat, wohnt der Drang nach mehr Macht, nach Kompetenzausweitung inne. Die vielen Änderungen des Grundgesetzes, die es inzwischen gegeben hat, haben die schiefe Ebene zwischen Bund und Ländern noch schiefer werden lassen.

Das im Grundgesetz von 1949 verankerte Trennsystem, das die Eigenständigkeit der Länder bewahren sollte, ist de facto durch ein weitreichendes Verbundsystem ersetzt worden, bilanziert die Wissenschaftlerin Sigrid Boysen in ihrer Untersuchung „Gleichheit im Bundesstaat". Die deutsche Staatspraxis sei durch eine nahezu vollständige Verdrängung der Länder auf dem Gebiet der Gesetzgebungskompetenz und eine umfassende Beschneidung ihrer Handlungsspielräume auf dem Gebiet des Gesetzesvollzugs geprägt. Nicht einmal die Steuern, deren Ertrag ihnen zusteht – Beispiel Erbschaftsteuer –, können die Länder selbst gesetzlich regeln, was ihre eigenständige Verfügungsgewalt über die Höhe ihrer Einnahmen ausschließt.

Das Fazit: Im Spannungsfeld zwischen Föderalismus und Unitarismus ist in der politischen Wirklichkeit der Bundesrepublik Deutschland die systemerhaltende Balance durch eine nachhaltige Schwächung des Föderalismus gestört. Als Konsequenz vollzieht sich eine schleichende Annäherung des Bundesstaates an den Einheitsstaat. Der föderalistische Gedanke trocknet aus.

Dabei ist die Idee des Föderalismus, politischer Ausdruck des zutiefst menschlichen Gedankens der Subsidiarität, weit mehr als nur ein Konzept zur Teilung der Staatsgewalt und zur Regelung der verfassungsmäßigen Verhältnisse zwischen Bundesstaat und Einzelstaaten. Der Föderalismus löst einen wichtigen menschlichen Widerspruch auf – auf der einen Seite die Notwendigkeit, sich zu vereinen und zusammenzuschließen, auf der anderen der Drang des Menschen, in größtmöglicher Freiheit zu leben. Föderalismus liefert das Rezept, die Wechselbeziehungen zwischen Gesellschaft und Individuum auszugleichen. „Das Wesen des föderativen Gedankens ist die Bewahrung der Individualität von Einzelpersonen, Gruppen und Staaten, soweit diese Individualität lebensfähig und lebenswillig ist", hat Ernst Deuerlein, der große Denker über das Thema Föderalismus, schon in den siebziger Jahren in seinem Grundsatzwerk zusammengefasst, in dem neben der deutschen immer auch die europäische Situation im Auge behalten worden war.

Ideal und Wirklichkeit klaffen beim Blick auf das Begriffspaar Europäische Union auf der einen und Subsidiarität mit Föderalismus vor allem aus der Sicht der deutschen Länder auf der anderen Seite weit auseinander. So strebten schon im Vorfeld der Beschlüsse von Maastricht im Jahre 1992 die Regierungen der deutschen Länder eine Beschränkung der Rechtsetzungsaktivitäten der Europäischen Union auf das wirklich notwendige Maß an. Die Bayerische Staatsregierung hatte dabei als erste auf die zentrale Bedeutung des Subsidiaritätsprinzips hingewiesen. In „Zehn Münchner Thesen zur Europapolitik" hatte Bayern schon 1987 das Subsidiaritätsprinzip als Grundlage der Politik der Länder bestätigt. Der damalige bayerische Ministerpräsident Franz Josef Strauß hatte, auch im Namen seiner Kollegen aus den anderen deutschen Ländern, 1988 in einem Gespräch mit Kommissionspräsident Jacques Delors die Verwirklichung des Subsidiaritätsprinzips als unentbehrlich für jede zukunftsorientierte und vertrauensvolle Zusammenarbeit zwischen dem damals noch EG genannten vereinten Europa und den Mitgliedstaaten herausgestellt.

Die zu wenigen föderalistischen und subsidiären Akzente des Vertrages zur Gründung der Europäischen Union, des Vertrages von Maastricht, erforderten in Deutschland Änderungen des Grundgesetzes. Dafür brauchte die Bundesregierung die Zustimmung des Bundesrates mit Zweidrittelmehrheit. Umsonst gab es diese erfreulicherweise nicht. Mit der Mehrheit von Union und SPD und gegen Widerstand von Seiten der FDP wurden ein Mitwirkungsrecht der Länder in Angelegenheiten der Europäischen Union und ein neuer, die Länderrechte stärkender Artikel 23 in das Grundgesetzt eingefügt. Wichtig dabei: Die Übertragung von Hoheitsrechten auf die EU durch die Bundesrepublik Deutschland ist nur mit Zustimmung des Bundesrates möglich, und zwar mit einer Zweidrittelmehrheit. Wo die Länder innerstaatlich zuständig sind und wo ihre Mitwirkungsrechte berührt werden, muss der Bundesrat nun „an der Willensbildung des

Bundes" bei der Europapolitik beteiligt werden. Bemerkenswert ist der Punkt 1 in diesem Grundgesetzartikel 23 deshalb, weil darin ausdrücklich Föderalismus und Subsidiarität als Bausteine des europäischen Einigungswerkes verankert sind. Es heißt hier: „Zur Verwirklichung eines vereinten Europas wirkt die Bundesrepublik Deutschland bei der Entwicklung der Europäischen Union mit, die demokratischen, rechtsstaatlichen, sozialen und föderativen Grundsätzen und dem Grundsatz der Subsidiarität verpflichtet ist und einem diesem Grundgesetz im wesentlichen vergleichbaren Grundrechtsschutz gewährleistet. Der Bund kann hierzu durch Gesetz mit Zustimmung des Bundesrates Hoheitsrechte übertragen".

Neben dem Bundestag wird in diesem Grundgesetzartikel auch dem Bundesrat, also den Ländern, das Recht eingeräumt, wegen Verstoßes eines Gesetzgebungsaktes der Europäischen Union gegen das Subsidiaritätsprinzip vor dem Gerichtshof der Europäischen Union Klage zu erheben. Insgesamt haben in Angelegenheiten der EU Bundestag und Bundesrat gemeinsam mitzureden, beide sind von der Bundesregierung umfassend und zum frühestmöglichen Zeitpunkt zu unterrichten. Wie so vieles, klingt auch dieser Satz besonders gut. Tatsache aber ist, dass wichtigste, aus Brüssel kommende europäische Gesetzgebungsvorhaben dem Bundestag und dem Bundesrat erst des Nachts vor dem Abstimmungstag, zudem nicht einmal in deutscher Übersetzung, sondern nur in englischer Sprache vorgelegt werden.

Trotz prinzipieller Beschwörungen von Föderalismus und Subsidiarität im europäischen und deutschen Gesetzeswerk verstärkt sich in der Europäischen Union eine offensichtlich auf dem Wege der Einsicht und Selbstbeschränkung nicht zu dämpfende Tendenz zur

Allzuständigkeit. Unscharfe und dehnungsfähige Generalklauseln in den europäischen Verträgen, so ganz besonders die immer wieder praktizierte Berufung auf die Notwendigkeiten eines gemeinsamen Marktes oder einer notwendigen Wettbewerbsgleichheit, führen zu einer schleichenden Kompetenzausweitung der Europäischen Union, insbesondere ihres Führungsorgans Europäische Kommission. Wo immer von Brüssel aus in einem Mitgliedstaat der Union ein Problem gesehen, angenommen, vermutet oder auch erfunden wird, ist man mit einer zentralistischen Regelung zur Stelle. Dabei wird mit einem Hochmut regiert und agiert, von dem – aus deutscher Sicht – Mitglieder der Bundesregierung oder Ministerpräsidenten nach jeweiligen Besuchen bei Brüsseler Kommissaren nur Erstaunliches zu berichten wissen.

Das zentralistische Europa lässt sich dabei in seiner Kompetenzanmaßung auch nicht dadurch beirren, dass es hin und wieder durch empörten Widerstand in den Mitgliedstaaten in einem Vorhaben behindert wird und deshalb zurückstecken muss. In aller Regel kann man sich darauf verlassen, dass nach geraumer Zeit und eingekehrter Ruhe in der öffentlichen Diskussion der Brüsseler Vorstoß wiederholt wird. Der langjährige luxemburgische Regierungschef und aus diesem Amt im Herbst 2013 abgewählte Jean-Claude Juncker, über Jahrzehnte, so als Chef der Euro-Gruppe, eine der bestimmenden Gestalten der europäischen Politik, hat diese skandalöse Praxis der europäischen Führungselite ebenso offen wie alarmierend ausgesprochen: „Wir beschließen etwas, stellen das dann in den Raum und warten einige Zeit ab, was passiert. Wenn es dann kein großes Geschrei gibt und keine Aufstände, weil die meisten gar nicht begreifen, was da beschlossen wurde, dann machen wir weiter – Schritt für Schritt, bis es kein Zurück mehr gibt."

Welch ein entlarvender Satz! Bemerkenswerter ist eigentlich nur, dass Juncker nach dieser peinlichen Selbstenttarnung der Denkungsart der in Europa Regierenden ungestört seine Ämter weiterführen konnte. Weder von den europäischen Institutionen, ob Kommission oder Parlament, noch von den Regierungen und Parlamenten in den Hauptstädten der Mitgliedstaaten erhoben sich die eigentlich überfälligen Rücktrittsforderungen. Täuschung der Menschen also als anerkanntes europäisches Erfolgsrezept.

Vor 35 Jahren wurden zum ersten Mal die Mitglieder des Europäischen Parlaments gewählt. 2014 ist es wieder so weit. Was sich seither, trotz vieler dramatischer Veränderungen in der Welt und damit auch in Europa, nicht verändert hat, ist die geradezu als „europäisches Grundgesetz" geltende Spannung zwischen Einheit und Vielfalt, zwischen zentralistischem Einheitsstaat und einer föderalistischen Ordnung größtmöglicher Freiheit. Diese Pole stehen sich nach wie vor gegenüber. Vor dieser ersten europäischen Wahl hatte Alfons Goppel, erster CSU-Spitzenkandidat für Europa und davor 16 Jahre bayerischer Ministerpräsident, Grundsätzliches zum Weg eines künftigen geeinten Europas geschrieben, was in seiner zeitlosen Gültigkeit unverändert Richtigkeit und Gewicht hat: „Europa muss europäisch bleiben: Vielgestaltig, vielgesichtig, vielfältig, vielgliedrig." Nicht gesichtsloser Kollektivismus, sondern nur das in langen Jahrhunderten gewachsene Identitätsbewusstsein der Menschen in geographisch und geschichtlich reich gegliederten Räumen könne das Bauprinzip Europas sein. Und weiter: „Die Elemente dieses Prinzips standen und stehen in einer stets von neuem empfundenen, beschriebenen und dargestellten Spannung. Aus ihr erwuchsen abendländische Geistigkeit und Kultur, weil in der Weite und Tiefe der Geschichte eine politische Struktur entstand, in der diese Spannung geradezu als Antrieb zu fruchtbarem Wettstreit unter den europäischen Baugliedern wirkt. Deshalb aber müssen die Bauglieder im wesentlichen die alten bleiben: Mit dem Freiheitsverlust seiner Bauelemente darf die Einheit Europas nicht erkauft werden. Nur ein föderatives Europa, das seine Entscheidungen nach einem die Zuständigkeit gebenden und die Glieder nicht entmachtenden Verfahren trifft, wird lebensfähig sein." Dann kam ein Satz von Goppel, dem angesichts des inzwischen geschaffenen, erdrückenden europäischen Apparates prophetische Kraft nicht abgesprochen werden kann: „Wenn dagegen bürokratischer Perfektionismus etwa eine Superbehörde anstrebt, welcher die bisherigen nationalen Kompetenzen übertragen oder gar noch verstärkt werden sollen, so wird das genaue Gegenteil eines lebendigen und lebensfähigen Europas entstehen. Schon an dieser Vorstellung erweist sich die Richtigkeit des Satzes ‚Europa wird föderativ sein, oder es wird überhaupt nicht sein' gleichsam ex negativo. Das Baugesetz Europas heißt zweckgebundene Zusammenfassung einerseits und Daseins- wie Wirkberechtigung der Glieder andererseits."

In der an Höhen und Tiefen besonders reichen, mit stammes- und regionalgeschichtlichem Eigenleben erfüllten, vielfach verschlungenen, vielfach leidvollen deutschen Vergangenheit sah Goppel es begründet, dass die Bundesrepublik Deutschland mit „nicht ganz unwichtiger Stimme" an der politischen Ordnung eines geeinten Europas mitzusprechen habe. Deshalb müsse Deutschland seine reichen bundesstaatlichen Erfahrungen in Europa einbringen. Aber: „Dazu ist keine neue Theorie des Föderalismus nötig, sondern lediglich eine Politik, die nach dem Grundsatz der Subsidiarität dem Bund nur die wenigen für die Einheit notwendigen Angelegenheiten überantwortet und ihn nur ‚hilfsweise' bei mangelnder Leistungsfähigkeit oder fehlendem Leistungswillen zuständig macht." Ein hohes Maß an Eigenzuständigkeit bietet die beste Voraussetzung dafür, dass auch in großen europäischen Organisationsformen überschaubare Lebens- und Freiheitsräume nicht beeinträchtigt oder beseitigt werden. Voller Stolz verweist Goppel, der durch seine besondere persönliche Art den Ehrentitel eines Landesvaters verdient hat wie kein anderer bayerischer Regierungschef vor oder nach ihm, auf das ihm am nächsten liegende Beispiel: „Und Bayern, diese wohlbemannte Festung des innerdeutschen Föderalismus, Bayern kann Europa das Beispiel eines Staates geben, dessen Bürger ihren Eigen-Sinn durch die Jahrhunderte hindurch allen Einschmelzungsversuchen zum Trotz bewahrt haben."

Subsidiarität und Föderalismus sind weit davon entfernt, ein bayerisches oder auch nur deutsches Thema zu sein, sie sind unerlässliche europäischen Leit- und Orientierungslinien. Die Wahrnehmung dieser Prinzipien gibt der europäischen Ordnung Stabilität, und sie gibt ihr jene innere Freiheit, die Europa als dem Kontinent, von dem das freiheitliche Denken seinen Ausgang genommen hat, in besonderer Weise angemessen ist. Bestehende Verträge und Gesetze, so sie denn beachtet und eingehalten werden, sollen diese grundsätzliche Ausrichtung der Europäischen Union sichern. Dennoch, Brüssel – der Name der belgischen Hauptstadt ist zum Synonym für das gesamte europäische Einigungsgeschehen geworden – verströmt nicht diesen Geist der Freiheit. Im Gegenteil. Mit

Brüssel verbinden die Menschen anhaltende Kompetenzerschleichung, maßlose Regelungswut, immer weiter gehende Zuständigkeitsanmaßung, stets neue Einfälle, was man den Menschen vorschreiben und verbieten könnte. Eine Gemeinschaft von 500 Millionen Menschen aus 28 Staaten soll über den gleichen Leisten geschlagen und in ein Zwangskorsett gezwungen werden. Gerade weil Europa in seiner Verschiedenartigkeit lebt und blüht, weil jedes europäische Volk, jeder europäische Staat, jede europäische Region, jede Stadt und jedes Dorf des Kontinents in ihrer geschichtlichen Prägung unterschiedlich sind, muss sich die große Hülle der europäischen Einheit größter Zurückhaltung befleißigen. Die Identität des einzelnen Menschen, der einzelnen Region, des einzelnen Staates darf nicht angegriffen oder gar zerstört werden. Die Vertrautheit mit dem angeborenen oder gewachsenen Lebensbereich, mit Familie, Haus und Heimat entzieht sich jedem supranationalen Zugriff. Der europäische Einigungsprozess muss stets die politische, gesellschaftliche, ethnische, kulturelle, soziale und mentale Vielgestaltigkeit Europas im Auge behalten. Und dies geht nur auf dem Fundament von Subsidiarität und Föderalismus. "Wir müssen Europa wieder neu buchstabieren lernen, und zwar nach dem Alphabet der Subsidiarität", mahnt der Dominikaner Wolfgang Ockenfels, Professor für christliche Sozialwissenschaft an der Universität Trier. Er hat recht.

Brüsseler Regulierungswut: Zugreifen, wo es nur geht

Zu den beliebten Klagethemen im europäischen Establishment gehört jenes über eine fehlende europäische Öffentlichkeit, über ein mangelndes europäisches Bewusstsein in den Köpfen und Herzen der Menschen der 28 Mitgliedstaaten der Europäischen Union. Die Menschen fühlen und sehen sich, ob es in Brüssel oder Straßburg gefällt, zunächst und zuerst als Bürger ihrer Nation oder Region und dann erst als Europäer. Auch die EU-Kommission mahnt gerne mehr europäisches Denken an. In einem Fall war diese gesamteuropäische Meinung dann plötzlich da, und sie fiel anders aus, als man sie im offiziellen europäischen Mainstream gerne gehabt hätte. Zunächst als Wind begonnen, geriet das europäische Aufbegehren zum Sturm gegen die Brüsseler Politik. Es ging um das Wasser in Europa und um die Wasserversorgung der Menschen.

Am 20. Dezember 2011 hatte die EU-Kommission als einen weiteren Schritt zu einer immer engmaschigeren Totalregulierung Europas den Entwurf einer Richtlinie zur Vergabe von Konzessionen für öffentliche Dienstleistungen vorgelegt. Ziel der Richtlinie sollte sein – harmlos wie in aller Regel bei Brüsseler Vorhaben klingend –, die innerhalb der Europäischen Union im Zusammenhang mit der Vergabe von Konzessionen durch die öffentliche Hand bestehenden Ungleichheiten zu beseitigen und den Marktzugang zu erleichtern. Der zentrale Gedanke der Kommission hinter solchen und ähnlichen Vorhaben ist die Vorstellung eines gemeinsamen und deshalb in allen EU-Ländern mit gleichen Regeln ausgestatteten

Binnenmarktes. Eine nähere Betrachtung dieser Konzessionsrichtlinie ergab dann, dass ihre Verwirklichung beispielsweise in der Bundesrepublik Deutschland das Einfallstor für die radikale Veränderung bei der Trinkwasserversorgung oder der Organisation der Rettungsdienste geöffnet hätte. Die Angst vor einer möglichen Privatisierung der Trinkwasserversorgung, eines zentralen Bereichs der öffentlichen Daseinsvorsorge, brach sich Bahn. Die Vorstellung, dass die Trinkwasserversorgung, bisher in aller Regel in den Händen der Kommunen gut aufgehoben, zu einem Spekulationsobjekt für nationale oder internationale Konzerne werden könnte, erschreckte und rüttelte auf.

Die gemeinsame Empörung über dieses Brüsseler Vorhaben tat seine Wirkung: Über alle Länder der Union hinweg entstand die erste europäische Bürgerinitiative, eine lautstarke und nicht übersehund übergehbare Protestbewegung, der sich über 1,5 Millionen Menschen anschlossen. Zahlreiche private Organisationen leisteten die Mobilisierungsarbeit. In Deutschland stand die Politik über alle Parteigrenzen hinweg gegen diesen Brüsseler Plan – bis hin zu Bundeskanzlerin Angela Merkel. Der Deutsche Städtetag protestierte ebenso wie der Verband Kommunaler Unternehmen, Abgeordnete des Deutschen Bundestages wie des Europäischen Parlaments begehrten auf. Markus Ferber, Sprecher der CSU-Gruppe im EU-Parlament: „Die Trinkwasserversorgung ist eines unserer wertvollsten Güter und darf nicht in die Hände von Großkonzernen fallen."

Die Kommission war dem Empörungssturm nicht gewachsen, sie musste nachgeben. In einem so genannten „Trilog"-Verfahren – eine bemerkenswerte Wortschöpfung aus dem Brüsseler Apparate-Dschungel –

einigten sich im Juli 2013 Vertreter des Europäischen Parlaments, des Europäisches Rates und der Kommission darauf, den Wassersektor aus dem Anwendungsbereich der Konzessionsrichtlinie herauszunehmen. Er hoffe, dass die Bürgerinnen und Bürger sehen, dass die Kommission ihnen Gehör schenke, versuchte Binnenmarktkommissar Michel Barnier kleinlaut gut Wetter zu machen, um dann doch verharmlosend darauf zu beharren, dass die Richtlinie nie auf eine zwangsweise Privatisierung des Trinkwasser abgezielt habe. Rechthaberisch und offensichtlich nicht von der Verfehltheit seines ursprünglichen Vorhabens überzeugt, gab Barnier falscher Propaganda die Schuld an seinem Scheitern: „Ich habe volles Verständnis dafür, wenn Bürgerinnen und Bürger aufgebracht und besorgt sind, wenn ihnen erzählt wird, dass ihre Wasserversorgung gegen ihren Willen privatisiert werden könnte. Ich selbst würde in einem solchen Fall genauso reagieren."

Im Kampf gegen die Kommission, notwendig und mit Riesenaufwand geführt, konnte nicht nur die Trinkwasserversorgung und daneben auch die Abwasserentsorgung der EU-Konzessionsrichtlinie entrissen werden, auch der für die Menschen besonders wichtige Bereich der Rettungsdienste und der Notfallversorgung blieb von der ausschließlichen Auslieferung an Markt und Wettbewerb verschont. Es fällt schwer, dieses Gesamtgeschehen mit einem erleichterten „Ende gut, alles gut" zu versehen. Zu bohrend bleibt die Frage, warum die 28 Kommissare mit ihren 28 Kommissionen und ihren über 30.000 Beamten derart vom Eifer der Gleichmacherei getrieben werden, dass sie die Ansprüche, Bedürfnisse und Wünsche der Menschen bedenkenlos außer Acht lassen. Europapolitik kann doch nicht zu einem großen

Teil bedeuten, immer wieder erfolgende Übergriffe der Kommission in zähem Kampf abzuwehren.

Kaum war das Tor, mit dem Brüssel privaten Investoren den Zugang zur Trinkwasserversorgung in Städten und Gemeinden öffnen wollte, durch kraftvollen Widerstand der Betroffenen und der Menschen in der Gemeinschaft geschlossen worden, gab es im Dezember 2013 in den Kommunen mit öffentlichem Nahverkehr erneut Europa-Alarm. Verkehrskommissar Siim Kallas will es künftig Städten und Gemeinden untersagen, den Betrieb von U- und Trambahnen direkt an die jeweiligen Stadtwerke oder ihre Tochterfirmen zu vergeben. Auch kommunale Buslinien sollen auf Vorschlag eines belgischen Europaabgeordneten hin in diese Regelung einbezogen werden. Die Kommunen sollen gezwungen werden, solche Leistungen europaweit auszuschreiben. Die Kommission erwartet sich von einer solchen Vergabepraxis „mehr Effizienz, Innovation und Wirtschaftlichkeit" und damit Vorteile für die Fahrgäste. Außerdem seien ja in dem Vorschlag Regelungen enthalten, die es kommunalen Unternehmen erlauben würde, von der allgemein geforderten Ausschreibungspflicht Abstand zu nehmen.

Gerade solche Beschwichtigungserklärungen alarmieren die betroffenen Kommunen zusätzlich. In dem Brüsseler Entwurf seien so viele Hürden, Vorschriften und Fallen eingebaut, dass am Ende den Verantwortlichen für den Nahverkehr doch nichts anderes als eine Ausschreibung übrig bliebe. Im Gegensatz zu den Lobpreisungen, welche die Kommission für ihren Vorschlag findet, verweisen die Verantwortlichen des kommunalen Nahverkehrs in Deutschland darauf, dass dieser vergleichsweise ordentlich und stabil verlaufe und die Preise für die Fahrgäste bezahlbar seien. Drängten aber ausländische Großkonzerne in die deutschen Netze, sei dadurch die Gefahr von Lohn- und Sozialdumping gegeben. Zudem, so beispielsweise Herbert König, der Chef der Münchner Verkehrs-Gesellschaft MVG, liefere sein Unternehmen „ein Angebot aus einem Guss", stütze also defizitäre Linien mit Einnahmen aus ertragsstarken Verbindungen. Private Betreiber könnten sich hingegen, sollte es zu dem von Brüssel gewollten internationalen Ausschreibungszwang kommen, lukrative Teile des Nahverkehrs herauspicken.

In der Nahverkehrsbranche ist man von diesem versuchten Brüsseler Zugriff nicht überrascht. Schon im Jahre 2006 gab es ähnliche Versuche. In einer zähen Abwehrschlacht wurden seinerzeit die Absichten der Kommission zunichte gemacht. Inzwischen schien dem europäischen Apparat genug Gras über den damaligen Versuch gewachsen, so dass man die Zeit für einen neuen Vorstoß für gekommen hielt. Wiederum machen die betroffenen und gefährdeten Kommunen mitsamt ihren kommunalen Unternehmen gegen Brüssel mobil. Auch die deutsche Politik meldet Widerstand an. Und wieder einmal stellt sich die Frage, warum sich die Europäische Union um Dinge kümmern will, die ohne ihr Eingreifen in der politischen Verantwortung der einzelnen Mitgliedstaaten gut laufen.

Diese Frage drängt sich freilich nicht nur beim Wasser und bei den Rettungsdiensten oder beim Nahverkehr auf. Es war wieder der für den Binnenmarkt zuständige Kommissar Barnier der mit dem Vorschlag einer Richtlinie das deutsche Gesundheitswesen und alle darin und damit Beschäftigten in helle Aufregung versetzte. Mit dem Ziel der europaweiten Anerkennung von Ausbildungssystemen sollte massiv in die deutsche Praxis eingegriffen werden, in der Krankenschwestern, Hebammen oder Pfleger nach dem Erwerb der Mittleren Reife oder auch mit dem Hauptschulabschluss und anschließend entsprechender fachlicher Ausbildung beruflich tätig werden können. Künftig, so der Wille der Kommission, wie er sich in einer Berufsanerkennungsrichtlinie niederschlug, sollten diese Berufe nur noch nach vorherigem Abitur, also nach zwölfjähriger Schulzeit, ergriffen werden können. Neben dem Hinweis darauf, dass sich in den vergangenen drei Jahrzehnten diese Berufe in ihren Anforderungen stark verändert hätten, musste selbstverständlich wieder das Argumente einer angeblich notwendigen europaweiten Gleichmacherei herhalten. „Um solche komplexe Ansprüche der Gesundheitswirtschaft erfüllen zu können, müssen zukünftige Krankenschwestern und Pfleger eine solide Schulbildung aufweisen, ehe sie ihre Ausbildung beginnen", forderte die Richtlinie. Da in den meisten Mitgliedsländern der EU für die Pflegeberufe das Abitur Voraussetzung sei, müsste dies auch in Deutschland der Fall sein.

Aus dem deutschen Gesundheitswesen und aus der deutschen Politik kam ein entsetzter Aufschrei ob der radikalen Brüsseler Pläne. Ist jetzt die Situation in diesem Berufsfeld schon schwierig, müsste der Brüsseler Eingriff den endgültigen Pflegenotstand auslösen. In Berlin protestierten der Gesundheitsminister und der Bundestag, auch die Länder meldeten sich mit ihrem Widerspruch zu Wort. Besonders heftig war die Reaktion in den Wohlfahrtsverbänden – von Caritas bis Innerer Mission formierte sich erbitterte Ablehnung eines Vorschlags, der die bewährte deutsche Ausbildungspraxis im Pflegebereich zerschlagen würde. Fast jedem zweiten Schulabgänger wäre in

Deutschland der Weg in einen Pflegeberuf versperrt worden. Auf europäischer Ebene fiel das Europäische Parlament dem vereinheitlichungswütigen Kommissar in den Arm. Im Gesundheitsausschuss wurde im Januar 2013 der Vorschlag aus Brüssel abgelehnt. In Berlin freute sich der CDU-Gesundheitspolitiker Jens Spahn über diese Entscheidung und traf eine Feststellung, die Brüsseler Köpfen offensichtlich fern liegt: „Gute Pflege hängt nicht vom Abitur ab." Allerdings müssen alle Kräfte in Deutschland, die an der hierzulande gültigen und bewährten Regelung festhalten wollen, auf der Hut sein. Denn durch Rückschläge hat sich die Kommission kaum je in ihrem Kurs der Gleichmacherei um jeden Preis beirren lassen. Was heute nicht durchgesetzt werden kann, wird morgen ein anderes Mal probiert.

Die 28 Mitglieder der EU-Kommission scheinen offensichtlich in einem Wettbewerb darüber zu stehen, wer von ihnen im Rennen um die höchste Erfolgsquote bei europäischer Gleichmacherei gewinnt. Auch Siim Kallas, Verkehrskommissar aus Estland, ist an diesem Sport beteiligt. Ihm dient die Verkehrssicherheit als Vorwand, um von Brüssel aus mit regulierender Hand in ein Feld einzugreifen, das die einzelnen Länder der EU durchaus selbständig und Deutschland geradezu vorbildlich zu meistern in der Lage sind. Nachdem schon lange darüber gemutmaßt und debattiert worden war und ungeachtet der Tatsache, dass inoffizielles Bekanntwerden seiner Pläne zu einer breiten Protestwelle geführt hatten, präsentierte Kallas im Juli 2012 seinen Plan für häufigere Hauptuntersuchungen bei Kraftfahrzeugen. Im Gegensatz zur in Deutschland herrschenden Übung, wonach bei einem neu zugelassenen Fahrzeug nach drei und danach jeweils alle zwei Jahre der TÜV fällig ist, wollte

Brüssel, auch in diesem Fall von einem geradezu manischen Regulierungs- und Kontrollzwang getrieben, „verschärft und im Umfang ausgeweitet" eingreifen.

Nach den Vorstellungen der Kommission sollten in Zukunft Neufahrzeuge zum ersten Mal nach vier Jahren – eine Frist, die in Deutschland unterschritten wird – zum TÜV und dann nach zwei Jahren. Dann käme es zu einer gravierenden Änderung: Jedes Fahrzeug müsste künftig nun Jahr für Jahr zur Hauptuntersuchung gefahren werden. Diesem Zwang sollten auch Fahrzeuge mit einer Fahrleistung von mehr als 160.000 Kilometern unterliegen. Kallas und seine Beamten gehen davon aus, dass sich mit einer solchen Regelung jährlich in ganz Europa 1.000 Verkehrstote vermeiden ließen, die wegen technischer Mängel an Fahrzeugen ihr Leben lassen müssten. Diese Statistik wird heftig angezweifelt. Nicht nur sei diese Zahl deutlich niedriger, von deutscher Seite wird zudem darauf hingewiesen, dass zu den statistischen „technischen Mängeln" auch geplatzte Reifen zählen würden – und solche Reifenschäden könne man auch bei TÜV-Untersuchungen nicht ohne weiteres aufdecken.

So sieht man im Vorstoß aus Brüssel eine „reine Abzocke der deutschen Autofahrer". Insgesamt würden in Deutschland bei Einführung des Kallas-Konzeptes nicht nur ein erheblicher Zeitaufwand, sondern beim einjährigen Prüfungs-Rhythmus Gesamtkosten von 1,3 Milliarden Euro anfallen. Die Konferenz der EU-Verkehrsminister lehnte den Vorschlag mit großer Mehrheit ab. Peter Ramsauer, damals deutscher Verkehrsminister, brachte das Thema auf den Punkt: „Das ist ein typisches Beispiel für den Versuch einer Überregulierung. Wir wollen uns hier schön sauber an das Subsidiaritätsprinzip halten und, was national regelbar ist, auch in nationaler Hand behalten." Der

SPD-Europa-Abgeordnete Ismail Ertug wies darauf hin, dass es gerade einkommensschwächere und ärmere Menschen seien, die ihre Kraftfahrzeuge länger hätten: „Wer fährt denn alte Autos? Leute, die nicht viel Geld haben." Ein solcher Gedanke scheint dem Brüsseler Apparat fern zu liegen.

„Sozialpolitik ist und bleibt Angelegenheit der Nationalstaaten. Wer eine europäische Arbeitslosenversicherung fordert, verstößt gegen die Verträge." Der CSU-Europa-Abgeordnete Markus Ferber sah sich im Oktober 2013 veranlasst, an diesen gesicherten Sachverhalt zu erinnern, weil die EU-Kommission schon wieder einmal dabei war, über die Stränge ihrer Zuständigkeit zu schlagen und die soziale Dimension der Wirtschafts- und Währungsunion (WWU) mit der Einführung einer europäischen Arbeitslosenversicherung anreichern zu wollen. Eine solche Idee würde „einen massiven Einstieg in nationale Angelegenheiten und in ein europäisches Sozialsystem" darstellen. Die EU-Kommission plant einen Fonds, der ab einer bestimmten Arbeitslosenquote in einem EU-Mitgliedstaat die Hälfte der Arbeitslosenzahlen übernehmen soll. Dabei legt der Vertrag von Lissabon eindeutig fest, dass für die Ordnung und Durchführung der Sozialpolitik die Regierungen und Parlamente der Mitgliedstaaten zuständig sind. Deshalb sei es ausgeschlossen, so Ferber, dass die Kommission als „Hüterin der Verträge" neue Töpfe aufmachen will, um auf Pump die europäische Arbeitslosenquote zu drücken: „Damit schaffen wir keinen Anreiz, um nachhaltige Reformen in den Sozialsystemen der Mitgliedstaaten anzustoßen."

Kompetenzverletzungen durch die europäischen Organe gibt es nicht nur durch Übergriffe in nationale Zuständigkeiten hinein, sondern auch dann, wenn es die Kommission unterlässt, sich um die Probleme zu kümmern, die ihre Sache sind und die von den Nationalstaaten allein nicht bewältigt werden können. So sieht die massenhafte Zuwanderung in die europäischen Sozialsysteme die EU-Kommission weithin rat- und tatenlos. Natürlich gehören der Binnenmarkt und die Arbeitnehmerfreizügigkeit für EU-Bürger in Europa untrennbar zusammen, aber wenn die europäische Solidarität systematisch und massenhaft ausgenützt wird, ist es an der Zeit nachzujustieren. „Wir müssen aufpassen, dass die zunehmende Armutseinwanderung innerhalb der EU nicht das gesamte europäische Projekt ins Wanken bringt", warnt Markus Ferber. Wenn sich ein Land wie Großbritannien mit eigenen Möglichkeiten gegen diesen Massenstrom von Zuwanderern aus EU-Ländern wehrt, so ist es kein taugliches Rezept, wenn Kommissarin Viviane Reding wegen Nichteinhaltung von Binnenmarktregeln den Austritt Londons aus der Gemeinschaft fordert. Ferber: „Die Alternative ist nicht der Austritt, sondern die Anpassung der Regeln und ein Vorschlag der Kommission, wie die Zuwanderung innerhalb der EU künftig geregelt wird."

Offensichtlich gibt es aktuell Schlupflöcher in den bestehenden Regeln des europäischen Binnenmarktes, die schamlos ausgenutzt werden. Das EU-Recht besagt, dass der Anspruch auf Sozialleistungen erlischt, wenn jemand innerhalb von drei Monaten nach seiner Anreise keine Arbeit gesucht hat. Den Missbrauch beschreibt Ferber so: „Deswegen melden Zuwanderer in vielen Fällen ein Gewerbe an. Als Selbständige dürfen sie ihre Familien nachholen und haben Ansprüche auf Sozialhilfe, Krankenversicherung und, besonders wichtig, Kindergeld." Deshalb müsse die EU die zunehmenden Fälle von Einwanderern aus Rumänien und Bulgarien, die nicht primär wegen eines echten Arbeitsplatzes kommen, ernst nehmen und handeln. Dass die seit Dezember 2013 regierende Große Koalition in Berlin „die ungerechtfertigte Inanspruchnahme von Sozialleistungen durch EU-Bürger" zu einem Extrapunkt ihres Handelns machen will, sollte auch Brüssel zum Handeln anspornen.

Deutschland ist der wirtschaftliche Motor in der Europäischen Union. Es verfügt über die stärkste Wirtschaft, das stärkste Netz der sozialen Sicherung und den stabilsten Haushalt. Es leistet den höchsten Beitrag zur Finanzierung der Europäischen Union, ist bei den Euro-Rettungsmaßnahmen bei den Zahlungen und bei den Bürgschaften an der Spitze. Deutschland kommt seiner Solidaritätspflicht gegen EU-Staaten, denen es, durchaus auch durch eigenes Versagen und eigene Schuld, schlecht geht, in mehr als angemessener Weise nach. Es erntet dafür wenig Dank, dafür umso mehr Kritik, Schmähung und Anfeindung. Vor allem ist Deutschland ein geschätztes Dauerobjekt für dreiste Belehrungen aus Brüssel. Bei Deutschland, dem Hauptzahler und Hauptbürgen, mischt sich die Kommission besonders gerne als besserwisserischer Lehrmeister ein. Was als haushaltspolitische Empfehlung – wenn Post unter der gleichen Rubrik auch an andere Länder geht, ist es deren Sache – daherkommt, stellt in Wirklichkeit eine grobe Einmischung in Angelegenheiten dar, die nur der staatlichen Souveränität Deutschlands unterliegen, nicht aber einem weithin anonymen Beamtenapparat. Von dem man im übrigen weiß, dass er an seinen entscheidenden Stellen mit deutschen Mitarbeitern jedenfalls nicht überbesetzt ist.

Liest man, was die EU-Kommission im Herbst 2013 von der Bundesrepublik Deutschland in welchen

Themenbereichen fordert und verlangt, so drängt sich die Frage auf, wer in Deutschland regiert und welche Rolle Bundesregierung und Bundestag noch spielen. In der gönnerhaften Pose und Sprache eines Oberlehrers lässt Kommissionspräsident José Manuel Barroso die Deutschen wissen, dass sie eigentlich gut dastünden, aber noch „Hausaufgaben zu erledigen" hätten. Dann wird in deutsche Zuständigkeiten eingegriffen, dass es tiefer nicht mehr geht. So wird die in Deutschland übliche steuerliche Regelung des Ehegattensplittings gerügt und die kostenlose Mitversicherung von Ehefrauen bei ihren Männern als abschaffungswürdig dargestellt – man fühlt sich an den Steuererhöhungs- und Belastungsrausch von Rot und Grün aus dem Bundestagswahlkampf 2013 erinnert!

Selbstverständlich wird vom Einmischungszentrum Brüssel auch die strikte Abschaffung des Betreuungsgeldes gefordert. Diese von der CSU durchgesetzte und inzwischen von weit mehr als Hunderttausend Eltern in ganz Deutschland mit zunehmender Tendenz in Anspruch genommene Hilfe ist ein Zeichen dafür, dass sich Eltern bewusst für eine gewisse Zeit für die Betreuung ihrer Kinder entscheiden. Solches Denken kommt in der Brüsseler Vorstellungswelt nicht vor. Noch weiter wird von Barroso an die von den deutschen Wählerinnen und Wählern bei der Bundestagswahl kraftvoll abgeschmetterte rot-grüne Steuererhöhungspolitik angeknüpft: Brüssel verlangt von Deutschland die Einführung einer Vermögenssteuer und im gleichen Atemzug eine höhere Grundsteuer für Immobilienbesitzer – die Hausbesitzer mit kleinerem oder mittlerem Einkommen und alle deutschen Hausbesitzer überhaupt werden sich freuen. Grotesk wird es zum Schluss, wenn der besorgte europäische Zentralist Barroso die Deutschen dazu mahnt, dass sie die Staatsschuldenkrise in Europa, die noch nicht vorbei sei, im Blickpunkt ihrer politischen Wachsamkeit haben müssten. Wenn wir uns recht erinnern, ist die Euro-Schuldenkrise nicht von Deutschland ausgelöst worden, und wenn wir es recht sehen, wäre es in erster Linie die Aufgabe der europäischen Zentralorgane, Barroso an der Spitze, diese Krise zu bewältigen.

Wenn die deutsche Wirtschaft besser dasteht als die Wirtschaft anderer EU-Länder, hat dies wesentlich mit einem starken Mittelstand zu tun. Der wiederum gründet in einem breitgefächerten und leistungsfähigen Handwerk. Als Arbeitgeber trägt das Handwerk entscheidend zur Stabilität des Arbeitsmarktes in Deutschland bei, als Ausbilder von Fachkräften ist es in Qualität und Quantität unerreicht. Dass Deutschland vor der in anderen Ländern der Europäischen Union herrschenden Jugendarbeitslosigkeit bewahrt bleibt, hängt entscheidend von seinem Handwerk ab. Aus gutem Grund werden deshalb die Ordnung und die Ausbildung des deutschen Handwerks weltweit studiert und bewundert. Das duale System, Ausbildung in Schule und Betrieb, ist zu einem Exportschlager geworden. Länder, die mit für Deutschland unvorstellbar hohen Zahlen in der Jugendarbeitslosigkeit zu kämpfen haben, schauen auf das deutsche Beispiel und versuchen dessen Umsetzung. Das in einer tiefen wirtschaftlichen Krise steckende Spanien unternimmt gerade den Versuch, die Berufsausbildung nach dem Muster des deutschen Handwerks wenigstens in Teilen zu übernehmen, um die Jugendarbeitslosigkeit eindämmen zu können.

Sogar die EU-Kommission hat das deutsche Modell als Vorbild gelobt. Auf der einen Seite. Auf der anderen Seite ist Brüssel immer wieder mit bohrender Hartnäckigkeit dabei, die Zahl der in Deutschland festgeschriebenen Handwerksberufe unter dem Vorwand der Deregulierung zu verringern. Klassische Handwerksberufe, in denen der Berufsweg vom Auszubildenden über den Gesellen zum Meister führt, sollen immer weiter und öfter für einen Personenkreis geöffnet werden, dem die in Deutschland geforderte und erbrachte Qualifikation des Handwerksmeisters fehlt. „Mit der Abschaffung des Meisterbriefs wäre das deutsche Erfolgsmodell stark gefährdet", stellt MdEP Markus Ferber, der auch Sprecher des Parlamentskreises Mittelstand (PKM Europe) ist, voller Sorge fest. Die Kommission ist unverdrossen daran, die Anzahl der eingetragenen Handwerksberufe mit dem Ziel der Reduzierung zu überprüfen. Die Begründung für die Einschränkung dieses Erfolgskonzeptes ist die übliche: Die hohe Zahl der Handwerksberufe sei eine Barriere für den Binnenmarkt.

Auch wenn der jüngste Vorstoß aus Brüssel nicht die Abschaffung des deutschen Meisterbriefes beabsichtige, wie Binnenmarktkommissar Michel Barnier im Oktober 2013 beruhigend erklärte, halten Sorge und Aufregung im deutschen Handwerk an. Bernd Ehinger, Präsident der Handwerkskammer Frankfurt/Rhein-Main und Präsident der hessischen Handwerkskammern, sieht in Brüssel ein Bestreben, das „in der Konsequenz ganz klar zu Lasten der Handwerksordnung geht". Er sieht in der arglos klingenden Aufforderung aus Brüssel, Zugangsbeschränkungen im Handwerk zu durchforsten und im Vergleich zu anderen Ländern zu überprüfen, andere Absichten: Die Richtlinien für die Anerkennung von Berufsqualifikationen möglichst kurzfristig zu überarbeiten – und deren Zahl zu verringern.

Deshalb fürchtet das organisierte Handwerk in Deutschland steigenden Druck aus Brüssel mit dem Ziel, die Zahl der Handwerke mit Meisterprüfung einzuschränken. Hier schreckt die Erinnerung an deutsches Vorgehen in dieser Richtung. Im Handwerk hat man noch allzu gut die letzte große Novelle der Handwerksordnung unter der Bundesregierung von Gerhard Schröder im Gedächtnis. Zwar gab es hie und da, wie die Handwerksvertreter einräumen, mit der Öffnung für meisterlose Betriebe niedrigere Preise für die Kunden, aber insgesamt auch eine Reihe von negativen Folgen. Es kam damals zu einem sprunghaften Anstieg von Firmenneugründungen, jedoch nicht selten von Ein-Mann-Betrieben, deren Inhaber dann vielfach auf Hilfe aus öffentlichen Kassen angewiesen waren. Insgesamt nämlich ist der Umsatz in der Branche nicht angestiegen. Nach Meinung von Handwerkspräsident Ehinger sind die negativen Folgen dieser damaligen Deregulierung gravierend. So sei nachweisbar, dass seither viel seltener Meisterprüfungen in den aus der Handwerksordnung genommenen Berufen abgelegt und weit weniger junge Menschen in diesen Berufen ausgebildet würden.

Wie sein hessischer Kollege Ehinger fürchtet auch der bayerische Handwerkspräsident Heinrich Traublinger die gegen das Handwerk gerichteten Umtriebe in Brüssel: „Wir haben große Sorge, dass die EU versucht, dem Meisterbrief Schritt für Schritt den Boden zu entziehen." Ihm ist dieser Trend umso unverständlicher, als das duale Ausbildungssystem in vielen europäischen Staaten als vorbildlich gilt. Immer wieder sind Delegationen aus zahlreichen europäischen Ländern, vor allem aus jenen, die mit größten wirtschaftlichen Problemen zu kämpfen haben, in Bayern unterwegs, um das funktionierende und offensichtlich auf keinem anderen Weg erreichbare effektive Miteinander von schulischer und beruflicher Bildung zu studieren. Das bayerische Handwerk ist – stellvertretend für das Handwerk in ganz Deutschland – auf seine Zahlen stolz: Bei 12,5 Millionen Einwohnern des Freistaates Bayern arbeiten in den etwa 200.000 Handwerksbetrieben des Landes 910.000 Auszubildende, Gesellen und Meister. 67,6 Milliarden Euro Umsatz wurden von ihnen in den ersten neun Monaten des Jahres 2013 erarbeitet. Verständlich, dass es Handwerkspräsident Traublinger bei seiner Kritik an den Brüsseler Plänen nicht an gesellschaftlicher und politischer Unterstützung fehlt, wenn er feststellt: „Hier sind Handwerk und Politik in Deutschland gefordert, diese Widersprüche offenzulegen und den Meisterbrief gegen Angriffe aus Brüssel zu verteidigen."

Nicht nur der Angriff auf den Meisterbrief ist ein Beispiel dafür, dass neben der üblichen Übergriffssucht der Kommission zumindest die Nebenwirkung eines Kollateralschadens für Deutschland gerne in Kauf genommen wird. 126 Jahre lang war das deutsche Gütesiegel „Made in Germany" unumstritten, in Deutschland und weltweit. Jahrzehntelang kam auch in der Europäischen Wirtschaftsgemeinschaft, in der Europäischen Gemeinschaft und in der Europäischen Union niemand darauf, dass mit diesem eingeführten Herkunftszeichen etwas nicht in Ordnung sein könnte. Dabei ist es eine Ironie der Geschichte, dass das „Made in Germany" auf einen Beschluss des britischen Unterhauses aus dem Jahre 1887 zurückgeht, mit dem die im 19. Jahrhundert industriestarke Position Großbritanniens gestärkt und jene der aufkommenden deutschen Konkurrenz geschwächt werden sollte. Die Entwicklung verlief anders. Die Bedeutung des „Made in Germany" ist in seiner ideellen

Wertschätzung und in seinem materiellen Wert nicht hoch genug zu veranschlagen. Jürgen Farwig, ehemaliger BASF-Manager und Präsident der Deutschen Gesellschaft für Qualität (DGQ), schätzt den Wert der in mehr als einem Jahrhundert zu einem ehernen Bezeichnungsbestand von Gütern aus Deutschland gewordenen Markierung auf eine dreistellige Milliardensumme – jährlich! Nationale und internationale Umfragen bestätigen die Bereitschaft von Kunden, für Waren, die mit dem „Made in Germany" bezeichnet und damit ausgezeichnet sind, mehr zu bezahlen.

Der EU-Kommission, leider auch unterstützt vom federführenden Ausschuss des Europäischen Parlaments, fehlt es in ihrer gern gespielten Rolle als sorgende Zwangsmutter aller Europäer nicht an freundlich klingenden Begründungen. Des Problems des „Made in Germany", das zuvor niemand als solches empfunden hatte, müsse man sich aus Sorge um die Sicherheit der Verbraucher und um die Rückverfolgbarkeit der Produkte annehmen. Bisher galt das Land als Herkunftsland eines Produktes, in dem die „letzte wesentliche, wirtschaftlich gerechtfertigte Be- und Verarbeitung" erfolgte. Auch wenn, zum Beispiel, in einem Automobil deutscher Produktion Fertigungsteile aus aller Welt steckten, war es ein Automobil „Made in Germany". Nach dem EU-Zollkodex soll künftig maßgeblich für die Herkunftsangabe einer Ware sein, in welchem Land der größte wertsteigernde Teil des Herstellungsprozesses vonstatten ging. Die gesamte deutsche Wirtschaft, der Deutsche Industrie- und Handelskammertag (DIHK), der Maschinenbauverband VDMA, die Industrie- und Handelskammern und zahlreiche andere Verbände schlagen Alarm.

Der Plan der Brüsseler Kommission werde die Herkunftsbezeichnung faktisch abschaffen, weil kein Unternehmen die geforderten Nachweise werde liefern können. Ein Berg an zusätzlicher Bürokratie werde auf die Wirtschaft zukommen. Der Vorwand der Kommission, es gehe um mehr Sicherheit für den Verbraucher, wird von allen Fachleuten als dürftig und durchsichtig abgetan. Gerade beim Haftungsrecht und beim Verbraucherschutz besteht ein dichtes Netz von Regelungen auf nationaler und europäischer Ebene. Schon 1995 hat das Oberlandesgericht Stuttgart in einem Urteil festgestellt, dass „eigenschaftsbestimmende" Prozesse der Produktion in Deutschland stattzufinden hätten, um die Herkunftsbezeichnung „Made in Germany" zu rechtfertigen. „Wenn also Produktdesign, Qualitätskontrolle, Endmontage und Haftungsverantwortung in Deutschland liegen, dann reicht das aus", fasst Qualitäts-Hüter Jürgen Farwig die deutsche Position zusammen.

DIHK-Präsident Eric Schweitzer sieht das „Made in Germany" von Europa tödlich bedroht: „Das über 100 Jahre alte Gütesiegel gerät immer mehr in Gefahr. Nach der EU-Kommission hat auch der Binnenmarktausschuss des Europäischen Parlaments für einen Vorschlag gestimmt, der auf eine Aushöhlung der Qualitätsbezeichnung für deutsche Produkte hinausläuft." Auch die Argumente von mehr Verbrauchersicherheit und Rückverfolgbarkeit von Produkten lässt Schweitzer nicht gelten: „Schon heute können gefährliche Produkte durch die Angabe der Importeure und Hersteller zügig verfolgt und gegebenenfalls entfernt werden." Die CSU-Wirtschaftsexpertin im EU-Parlament, Angelika Niebler, sieht in der von Brüssel angestrebten Regelung eine „Konterkarierung des erfolgreichen deutschen Modells". Sie kritisiert zudem, dass die Dokumentationspflichten gerade für Mittelständler „zu einem hohen bürokratischen Aufwand führen werden".

Massiv in deutsche Interessen eingreifen will die Kommission auch bei deutschen Regelungen des Erneuerbaren-Energie-Gesetzes (EEG). Brüssel stellt die Rechtmäßigkeit der seit Jahren bestehenden Ökostrom-Rabatte für deutsche Konzerne, beispielsweise aus den Bereichen Stahl, Aluminium oder Chemie, in Frage, deren Fortführung auch von der neuen Großen Koalition in Berlin notwendigerweise beabsichtigt ist. Industrie-Kommissar Joaquin Almunia will prüfen, ob die Vergünstigungen für Betriebe mit hohem Stromverbrauch gegen europäische Wettbewerbsregeln verstoßen. Geht die Kommission vor wie geplant, könnte die Überprüfung dieser für die deutsche Industrie überlebenswichtigen Ausnahmeregelung nicht nur zu deren Ende, sondern auch zu Milliardenrückzahlungen für die betroffenen Unternehmen führen. Der Industriestandort Deutschland würde dann ob der nicht mehr bezahlbaren und konkurrenzfähigen Energiepreise einen tödlichen Schlag erhalten.

Obwohl diese möglichen Folgen im Vorfeld der Brüsseler Entscheidung ausführlich diskutiert wurden und obwohl die Bundesregierung gewarnt hatte, die Mächtigen in Europa können und wollen sich offensichtlich diese Möglichkeit nicht entgehen lassen, den Deutschen zu zeigen, wer Herr im deutschen Hause ist. Ulrich Grillo, Präsident des Bundesverbandes der Deutschen Industrie (BDI) zeigte auf, wohin das Agieren der Kommission in dieser Sache führt: „Der Ausgang des Prüfverfahrens hat erheblichen Einfluss auf die Zukunft des Industriestandortes Deutschland. Ein Wegfall der Entlastungen für energieintensive Unternehmen wäre für viele von ihnen und für Tausende Arbeitsplätze das sofortige Aus." Bundeskanzlerin Angela Merkel will der Kommission sehr deutlich machen, dass Deutschland „ein starker

Industriestandort" bleiben will. Europa werde nicht dadurch stärker, dass deutsche Arbeitsplätze gefährdet werden.

Gesteigerter bürokratischer Aufwand war noch nie ein Argument, das die EU-Kommission davon abgehalten hätte, neue Vorschriften und neue Regeln in die Welt zu setzen. Vorrangig geht es dabei um zusätzliche Belastungen für die Wirtschaft, um die Verzögerung von Investitionen und grundsätzlich um die Einengung von Freiräumen. Im Oktober 2013 nahm sich der Brüsseler Apparat eines bei ihm besonders beliebten Themas an, der Verschärfung der aktuellen Regeln bei der Umweltverträglichkeitsprüfung. Eine einschlägige EU-Richtlinie regelt bisher schon, welche Umweltstudien zur Genehmigung eines Projektes erhoben werden müssen. Diese Rechtslage soll erheblich verschärft werden. So soll es erweiterte Informations- und Klagerechte für die Öffentlichkeit geben, überregionale und globale Umweltaspekte müssen bei einem lokalen Vorhaben miteinbezogen werden. Dass zusätzliche Klagerechte zu Verzögerungen und Kostensteigerungen vor allem bei Infrastrukturprojekten führen wie zu zeitlichen und finanziellen Belastungen bei dringend notwendigen Bauvorhaben, kümmert die besessenen Brüsseler Regulierer nicht. Schon jetzt sind längst nicht alle Mitgliedsländer der EU in der Lage – oder vielleicht auch willens –, die gegebene europäische Rechtslage in Sachen Umweltverträglichkeit komplett umzusetzen. Schlussfolgerung des Europapolitikers Markus Ferber: „In Deutschland haben wir bereits heute strenge Regeln bei der Umweltverträglichkeitsprüfung von Projekten. Bevor wir die aktuellen Regeln verschärfen, müssen doch alle anderen erst einmal soweit sein wie wir in Deutschland."

Auf der Suche nach Möglichkeiten, jede europäische Vielfalt plattzumachen und für absolute Gleichheit der Verhältnisse in einem portugiesischen Fischerdorf an der atlantischen Küste und einem polnischen Bauerndorf an der Grenze zu Weißrussland zu sorgen, entgeht den Feinden jeder Vielfalt in ihrem Brüsseler Hauptquartier auch nicht das entlegenste und abseitigste Ziel. Im Mai 2013 geriet die auf vielen Tischen in europäischen Restaurants anzutreffende Ölkaraffe in das unbarmherzige Auge der Gleichheitsfanatiker. Die Gastronomiebetriebe Europas sollten ab dem 1. Januar 2014 verpflichtet werden, Olivenöl auf ihren Tischen nur noch in versiegelten und nicht nachfüllbaren Flaschen anzubieten. Die in vielen Restaurants üblichen offenen Kännchen sollten vom Tisch. Wie üblich wurden für dieses Vorhaben, über das europaweit Hohn und Spott, Empörung und Ablehnung hereinbrach, Gründe der Fürsorge und des Verbraucherschutzes angeführt. Damit würde sichergestellt, so die einem tiefen Betreuungsdenken verhafteten Gleichmacher, dass Gaststättenbesucher kein minderwertiges Öl serviert bekämen, und dass sie zudem sicher sein könnten, dass in der Flasche auch tatsächlich das Olivenöl sei, welches auf dem Etikett angekündigt werde.

Im Europäischen Rat der Verbraucherminister – man sieht, womit sich die Vertreter der Regierungen der EU-Staaten bei ihren Konferenzen in Brüssel beschäftigen müssen – scheiterte der Öl-Karaffen-Beseitigungs-Vorschlag der Kommission. „Besser eine späte Einsicht als keine", kommentierte die damalige deutsche Landwirtschafts- und Verbraucherschutzministerin Ilse Aigner. Der aus Rumänien kommende EU-Agrarkommissar Dacian Ciolos gab sich zumindest vordergründig zerknirscht. „Wir haben diesen Vorschlag nicht ausreichend mit den Konsumentenstaaten besprochen", ließ er wissen. Um gleichzeitig anzukündigen, dass er an diesem heißen europäischen Thema dranbleiben werde – nun wolle er sich mit Herstellern, Verbraucherschützern und der Gastronomie beraten. Man darf gespannt sein, mit welcher wortreichen Garnierung der nächste Versuch umkleidet und schmackhaft gemacht wird, um den Anschlag auf die in Europa seit eh und je übliche Ölkaraffe doch noch zum Erfolg zu bringen. Im EU-Apparat, in dem man Ablehnungen und Rückschläge durchaus persönlich zu nehmen scheint, kennt man das Sprichwort vom steten Tropfen, der den Stein höhlt, und zählt auf seine Richtigkeit.

Es wäre falsch und ungerecht, wollte man jeden Vorschlag der Vereinheitlichung und der Gleichmacherei, der aus Brüssel kommt, der Kommission anlasten. Die oberste europäische Behörde sieht sich ständig dringenden Forderungen aus den einzelnen EU-Staaten ausgesetzt, endlich doch dieses oder jenes auf Gemeinschaftsebene zu regeln und für verbindlich zu erklären. Die kurzzeitige Debatte, die es im Herbst 2013 darüber gab, welche Höhe die Absätze an den Schuhen, die Friseurinnen bei der Arbeit tragen, haben dürften, ist ein Beispiel dafür. Es ging auch um die Art des Fußbodens im Friseursalon, um seine Rutschfestigkeit, um die Lautstärke des Föns, um Arbeitsbedingungen insgesamt. Als die Diskussion öffentlich wurde, ergoss sich Spott und Häme über Brüssel. Es war aber das Friseurhandwerk, das sich mit der Forderung, deutsche Regeln müssten überall in der Europäischen Union gelten, an die Kommission gewandt hatte.

Die europäischen Friseurverbände reagierten ausgesprochen unfreundlich, als sich Brüssel weigerte, ihrem Wunsch nachzukommen, und übten deshalb scharfe Kritik. Kommissionspräsident José Manuel Barroso sieht hier ein typisches Beispiel dafür, dass nicht alles Unsinnige von Brüssel seinen Ausgang nimmt: „Ich habe allen nötigen Respekt für Sorgen um gesundheitliche Bedingungen am Arbeitsplatz. Aber nicht alles muss auf europäischer Ebene getan werden. Warum braucht es eine europäische Regulierung für das Schuhwerk von Friseurinnen? Wir brauchen das nicht! Die Mitgliedstaaten aber können das gerne machen, wenn sie das für nötig halten." Niemand wird hier Barroso widersprechen. Übrigens: Nicht ohne Ironie ist es, dass sich die Vertreter des Friseurhandwerks mit ihrer Forderung nach einer europäischen Übernahme deutscher Regelungen ausgerechnet an den ehemaligen bayerischen Ministerpräsidenten Edmund Stoiber gewandt hatten, der seit Jahren als Vorsitzender einer hochkarätigen Expertengruppe im Auftrag der Kommission einen Titanenkampf gegen eine überbordende europäische Bürokratie führt.

Gleichmacherei droht Europa nicht nur von der Kommission in Brüssel. Auch im Europäischen Parlament gibt es starke Tendenzen, Dinge europäisch regeln zu wollen, obwohl es dafür keinerlei rechtliche oder vertragliche Grundlagen gibt. Mit großem Eifer hatte die sozialistische portugiesische Europaabgeordnete Edite Estrela einen Bericht „zur sexuellen und reproduktiven Gesundheit" verfochten und im Parlament eingebracht, wo sie nach einer Mehrheit im Frauenausschuss des Parlaments auch eine Mehrheit im Plenum dafür gewinnen wollte. Kernpunkt des Antrages war ein europaweit geltendes „Recht auf Abtreibung" und ein verpflichtender Sexualkundeunterricht schon in Grundschulen. Es gab heftigen

Widerstand gegen dieses Vorhaben aus der Politik, in Deutschland vor allem aus CSU und CDU, und aus den Kirchen, so vom Wiener Kardinal Christoph Schönborn. Er kritisierte, dass der Estrela-Bericht „eine Verharmlosung der Abtreibung und ein Schritt zu einer verhängnisvollen Normalisierung der Tötung menschlichen Lebens sei. Werdende Mütter werden damit mehr denn je allein gelassen. Statt ihnen lebensbejahende Alternativen zu bieten, wird die Illusion aufgebaut, Schwangerschaft sei ein mit einem kleinen Eingriff zu heilendes Gesundheitsproblem".

Im Europäischen Parlament stellte sich vor allem die Fraktion der Europäischen Volkspartei (EVP) gegen den von Sozialisten und Grünen unterstützten Estrela-Bericht, der dann am 10. Dezember 2013 mit einer knappen Mehrheit von 334 zu 327 Stimmen abgelehnt wurde. CSU-Europaabgeordnete wie Angelika Niebler und Markus Ferber hatten wesentlich für diesen Ausgang der parlamentarischen Schlacht gekämpft. Niebler unterstrich, dass Abtreibung und Kindererziehung keine Themen für Brüssel seien, sondern in der Zuständigkeit der Mitgliedstaaten bleiben müssen: „Europa soll sich da raushalten." Ferber erinnerte daran, dass es kein allgemein gültiges Recht auf Abtreibung, auch kein europäisches, geben dürfe: „Die EU besitzt keinerlei gesetzgeberische Kompetenz, um ein solches Thema anzugehen." Dabei muss es bleiben.

Europa der Regionen:
Großer Gedanke,
klägliche Wirklichkeit

Ginge es nach dem Wortlaut des Vertrages über die Europäische Union – den Maastricht-Vertrag von 1992 und seine Differenzierungen, Veränderungen und Ergänzungen im Vertrag von Amsterdam 1997, im Vertrag von Nizza 2001 und im Lissabon-Vertrag von 2007 –, bräuchte man um den Zusammenklang von Idee und Wirklichkeit eines Europas der Regionen nicht bange zu sein. Unter der beruhigenden Überschrift „Subsidiaritäts- und Verhältnismäßigkeitsgrundsatz" heißt es im dritten Absatz des Artikels 5 des Vertrages hoffnungsvoll und unmissverständlich: „Nach dem Subsidiaritätsprinzip wird die Union in den Bereichen, die nicht in ihre ausschließliche Zuständigkeit fallen, nur tätig, sofern und soweit die Ziele der in Betracht gezogenen Maßnahmen von den Mitgliedstaaten weder auf zentraler noch auf regionaler und lokaler Ebene ausreichend verwirklicht werden können, sondern vielmehr wegen ihres Umfangs oder ihrer Wirkungen auf Unionsebene besser zu verwirklichen sind." Wäre dieser Artikel eherne Realität im Handeln der europäischen Politik, weder die einzelnen Mitgliedstaaten noch deren Regionen, in Deutschland sind es die Länder, hätten über eine anhaltende Flut von Übergriffen aus Brüssel zu klagen und die Menschen in der Gemeinschaft sähen sich nicht in einem immer engmaschigeren Netz von Vorschriften und Regeln gefangen.

Wird aus den Regionen Europas, entsprechend aus den Ländern der Bundesrepublik Deutschland, Klage über mangelndes Mitspracherecht in Brüssel geführt, darüber, dass diese angestammten und unverwechselbaren Lebensräume also die eigentliche Heimat der Menschen in Europa sind und daher einen selbstverständlichen Anspruch auf Mitwirkung in der politischen Führung haben müssten, wird auf die Institution des Ausschusses der Regionen im EU-Vertrag verwiesen. Mit dieser Einrichtung soll die in Artikel 5 vorgenommene Beschwörung des Subsidiaritätsprinzips in die Wirklichkeit umgesetzt werden. Allerdings, bei näherem Hinsehen verblasst der schöne Schein. Wollten die europäischen Regionen und mit ihnen die deutschen Länder nach konkreten oder gar einklagbaren Rechten greifen, der Griff ginge ins Leere. Schon die Platzierung der regionalen Vertretungen im EU-Vertragswerk ist bezeichnend und entlarvend. Finden sich die Organe der Union – Europäisches Parlament oder Europäischer Rat, Europäische Kommission oder Gerichtshof, Europäische Zentralbank oder Europäischer Rechnungshof – zu Beginn des Vertrages in Artikel 13, so muss man weit und lange blättern, ehe man in den Artikeln 305, 306 und 307 und damit gegen Vertragsende auf den Ausschuss der Regionen stößt.

Die beiläufige Einordnung entspricht dem Gewicht und den minimalen Möglichkeiten, welche diesem Ausschuss zukommen, der seit dem Jahre 2013, als Kroatien als 28. Mitglied der Union beitrat, 353 Mitglieder hat. Die Motive, aus denen heraus das Gremium geschaffen wurde, klingen gut: Nachdem etwa drei Viertel der EU-Rechtsvorschriften auf lokaler und regionaler Ebene umgesetzt werden müssen, wäre es durchaus sinnvoll, wenn die Vertreter dieser Ebene bei der Entwicklung neuer EU-Gesetze und Vorschriften ein Mitspracherecht hätten. Zudem könnte eine solche Mitwirkung, so die Vertragsgestalter, dazu beitragen, eine sich mehr und mehr auftuende Kluft zwischen den Menschen in Europa und der europäischen Integration zu verringern oder gar zu überwinden. Hierzu müsste der Ausschuss der Regionen allerdings konkrete Mitwirkungsrechte haben. Diese hat er aber nicht.

Unter dem desillusionierenden Begriff „Anhörungsrechte" teilt der Vertrag mit, was es mit dem Ausschuss der Regionen wirklich auf sich hat. Er wird vom Europäischen Parlament, vom Rat oder von der Kommission gehört, wenn es eines dieser Organe für zweckmäßig hält. In diesem Fall kann der Ausschuss eine Stellungnahme abgeben, was er auch tun kann, wenn er der Auffassung ist, dass von europäischen Maßnahmen spezielle regionale Interessen berührt werden. Und dann kommt der entscheidende Schlusssatz: „Die Stellungnahme des Ausschusses sowie ein Bericht über die Beratungen werden dem Europäischen Parlament, Rat und der Kommission übermittelt." Punkt. Aus. Weitere Konsequenzen ergeben sich nicht. Ob und wie sich die drei wirklich handlungsfähigen Organe mit der Ratgeberarbeit des Ausschusses der Regionen beschäftigen, bleibt diesen überlassen. Härter könnte politische Ohnmacht nicht beschrieben werden. Immerhin wird seit 2007, seit dem Vertrag von Lissabon, dem Ausschuss der Regionen ein Klagerecht vor dem Gerichtshof der Europäischen Union für die Wahrung seiner Rechte – welcher eigentlich? – eingeräumt, was auch bei Verstößen gegen das Subsidiaritätsprinzip gilt. Von solchen Klagen aber hat die europäische Öffentlichkeit bisher nichts gehört.

Nicht überraschend ist es, dass Deutschland, entsprechend der allgemeinen deutschen Unterrepräsentanz in den europäischen Gremien, auch bei der Mitgliederzahl des Ausschusses der Regionen vergleichsweise schlecht wegkommt. So hat das 410.000 Einwohner zählende Malta das Recht, 5 Ausschussmitglieder zu entsenden – auf das über 80 Millionen Einwohner zählende Deutschland entfallen 24 Vertreter. Davon kommt auf den Freistaat Bayern, in dem 12,5 Millionen Menschen leben, 1 – in Worten: ein – Vertreter. Verständlich, dass von München aus angesichts dieser Ausstattung mit Rechten und Personen der Ausschuss der Regionen als kämpferischer und erfolgreicher Vertreter bayerischer Interessen nicht ernst genommen werden kann.

Wenn Bayern im Rahmen der europäischen Politik in besonderer Weise für echte und starke Mitwirkungsrechte streitet, dann tut es dies auch stellvertretend für die anderen 15 deutschen Länder, deren Eigenständigkeit im Zuge einer großangelegten europäischen Gleichmacherei unterzugehen droht. Allerdings ist festzustellen, dass der Kampf für die staatliche Eigenständigkeit, wie er der Verfassungslage zwischen Bund und Ländern in Deutschland angemessen wäre, von einigen Ländern gar nicht und von anderen nur mit halbem Herzen geführt wird. Bayern sieht sich in einer selbstbewussten Tradition einer mehr als tausendjährigen Geschichte, sieht sich, von allen Statistiken bestätigt, als das Spitzenland in der Bundesrepublik Deutschland und zudem als das Land mit der höchsten Attraktivität. Der Freistaat Bayern steht deshalb bei seinen Vorstößen gegen die Brüsseler Übermacht nicht selten allein. Dies gilt auch dann, wenn von München aus aufmerksamer und wachsamer darauf geachtet wird, welche Abwanderungen von nationaler Souveränität von Berlin nach Brüssel stattfinden oder in die Wege geleitet werden. Im

Gefolge solcher Entwicklungen sind die Länder die besonderen Leidtragenden – was an Rechten und Zuständigkeiten vom Nationalstaat weggegeben wird, wird auch den Ländern weggenommen.

Professor Hans-Jürgen Papier, ehemals Präsident des Bundesverfassungsgerichts, hat in einer ebenso grundsätzlichen wie aufsehenerregenden Rede auf einer Jahreskonferenz der Präsidentinnen und Präsidenten der deutschen Landesparlamente die Situation der Länder im Hinblick auf ihren Stand und ihre Entwicklung im europäischen Einigungsprozess eine Analyse erstellt, die in allen Landesregierungen und vor allem in allen Landtagen Alarmstufe eins auslösen müsste. Der Deutsche Bundestag ist auf der Ebene des Bundes das einzige Verfassungsorgan, das über eine unmittelbare Legitimation durch das Staatsvolk verfügt und in derselben Weise sind es in den Ländern, und zwar ausnahmslos und ausschließlich, die Landesparlamente, die unmittelbar vom Volk gewählt werden. Die Parlamente sind notwendige Glieder in jeder demokratischen Legitimationskette überall dort, wo es um die Ausübung von Staatsgewalt geht. Der rechtsstaatliche Vorbehalt des Gesetzes verlangt, dass die Parlamente selbst die wesentlichen Entscheidungen für das Gemeinwesen treffen. Die Konsequenz, die Professor Papier deshalb aus der politischen Entwicklung der europäischen Einigung zieht: „Die Wahrung substantieller parlamentarischer Zuständigkeiten und Befugnisse bildet neuerdings auch einen der Dreh- und Angelpunkte bei der Kontrolle des Prozesses der europäischen Integration."

Wenn von einer „Ohnmacht der Parlamente" und von der „Entparlamentarisierung" der Politik die Rede ist, so hat dies mit einer partiellen Kompetenzverlagerung von den Parlamenten auf die Regierungen zu tun. Diese wiederum erwächst aus der Funktionsweise der Bundesstaatlichkeit, also eines Exekutiv- oder Beteiligungsföderalismus, mit dem sich ein Bedeutungsverlust der Parlamente in der Praxis eingeschlichen hat. Aus der Verbindung von föderativem und demokratischem Verfassungsprinzip ergibt sich ein Bedeutungsverlust der Parlamente, der zum Teil in der Konstruktion angelegt ist. Papier: „Schon seit längerem ist zu konstatieren, dass sich Rechtssetzung zunehmend von den niedrigeren auf höhere Ebenen verlagert. Das gilt sowohl für das Verhältnis zwischen Bund und Ländern als auch für das Verhältnis zwischen der Europäischen Union und ihren Mitgliedstaaten." Auch das Subsidiaritätsprinzip hat hier den Landesparlamenten nicht geholfen. Professor Papier spricht davon, dass hier eine „Hochzonung" von Zuständigkeiten stattgefunden hat, die mehr ist als eine bloße Aufgabenverlagerung zwischen den Parlamenten: „Denn an die Stelle der verlorengegangenen Parlamentszuständigkeit auf der jeweils niedrigen Ebene sind Beteiligungsrechte der Exekutive an der Rechtssetzung auf der höheren Ebene getreten."

Durch die zunehmende Verlagerung von Rechtssetzungskompetenzen auf die Ebene der Europäischen Union haben vor allem, so Papier, die Landesparlamente einen zusätzlichen Bedeutungs- und Kompetenzverlust erfahren. Denn in dem Prozess der zunehmenden Vergemeinschaftung von Regelungsbereichen sind seit geraumer Zeit – und mit dem Wirksamwerden des Vertrages von Lissabon noch in verstärktem Maße – Felder der klassischen Innenpolitik wie die der öffentlichen Sicherheit, Bildung, Kultur, Medien und öffentlichen Daseinsvorsorge betroffen, die in der bundesstaatlichen Ordnung Deutschlands an sich den Gesetzgebungskompetenzen der deutschen Länder unterliegen. Um die Präsidentinnen und Präsidenten der deutschen Landtage „nicht in völliger Resignation zurückzulassen", kam Professor Papier bei dieser Veranstaltung am 21. Juni 2010 in Stuttgart auf das Urteil des Zweiten Senats des Bundesverfassungsgerichts zum Lissabon-Vertrag vom 30. Juni 2009 zu sprechen.

Zu diesem Urteil war es auf Grund einer Klage des Münchner CSU-Bundestagsabgeordneten Peter Gauweiler gekommen. Der Vertrag von Lissabon und das Zustimmungsgesetz des Bundestages wurden von den Karlsruher Richtern als den Vorgaben des Grundgesetzes entsprechend beurteilt. Dann kam das große Aber, das für den Kläger Gauweiler das Urteil mehr als nur zu einem halben Erfolg werden ließ: Das deutsche Begleitgesetz zum Vertrag von Lissabon verstoße insoweit gegen das Grundgesetz, als Beteiligungsrechte des Deutschen Bundestages und des Bundesrates nicht im erforderlichen Umfang ausgestaltet worden seien. Die europäische Vereinigung dürfe nicht so verwirklicht werden, so das Bundesverfassungsgericht, dass in den Mitgliedstaaten kein ausreichender Raum zur politischen Gestaltung der wirtschaftlichen, kulturellen und sozialen Lebensverhältnisse mehr bleibe. Dies gelte insbesondere für Sachbereiche, die die Lebensumstände der Bürger, vor allem ihren von den Grundrechten geschützten privaten Raum prägten, sowie für solche politische Entscheidungen, die in besonderer Weise auf kulturelle, historische und sprachliche Vorverständnisse angewiesen seien, und die sich im parteipolitisch und parlamentarisch organisierten Raum einer politischen Öffentlichkeit diskursiv entfalten würden. Die Ratifikationsurkunde zum Lissabon-Vertrag konnte dann von der Bundesregierung erst hinterlegt werden, als der Bundestag die von Karlsruhe verfügten Änderungen vollzogen hatte.

Auf dieses Urteil bezog sich Hans-Jürgen Papier bei seiner Ermutigung der deutschen Länderparlamente. Denn ganz allgemein heiße es in der Lissabon-Entscheidung, dass die europäische Integration nicht zu einer Aushöhlung des demokratischen Herrschaftssystems in Deutschland führen dürfe. Den deutschen Verfassungsorganen obliege eine dauerhafte Integrationsverantwortung, die darauf gerichtet sei, bei der Übertragung von Hoheitsrechten und bei der Ausgestaltung der europäischen Entscheidungsverfahren dafür Sorge zu tragen, dass in einer Gesamtbetrachtung sowohl das politische System der Bundesrepublik Deutschland als auch das der Europäischen Union demokratischen Grundsätzen im Sinne des Grundgesetzes entspricht.

Es geht nach Meinung Papiers nicht so sehr um die Frage, was im einzelnen unter dem mehrdeutigen Begriff der Förderung der Integrationsverantwortung für Europa, wie er in Artikel 23 des Grundgesetzes als Staatsziel festgeschrieben wurde, zu verstehen ist. Es gehe vielmehr darum, dass im europäischen Integrationsprozess die unabänderlichen Verfassungsprinzipien des demokratischen Systems und der Bundesstaatlichkeit in Deutschland gewahrt bleiben. Papier spricht in diesem Zusammenhang von einer unüberwindbaren Grenze des deutschen Verfassungsrechts im Prozess der Integration und Vergemeinschaftung. Auch in den Ländern müsse deshalb die verfassungsmäßige Ordnung dem Demokratieprinzip entsprechen. Dann wird der Ex-Präsident des Bundesverfassungsgerichts mit einem Appell an die Landtage der deutschen Länder ganz konkret: „Das bedeutet auch, dass die Verfassungen der Länder so gestaltet werden bzw. bestehende Vorschriften des Landesrechts so interpretiert werden müssen, dass auch in den Ländern das System der parlamentarischen Demokratie gewahrt und gesichert, den veränderten Bedingungen eines zunehmenden Prozesses der Verlagerung von Rechtssetzungsgewalt auf die Europäische Union angepasst und dem Primat des Landesgesetzgebers durch veränderte Mitwirkungsrechte des Landesparlaments bei der Unionsgesetzgebung in Bereichen ursprünglicher Landeshoheit Rechnung zu tragen ist."

Nach Meinung des ehemaligen Bundesverfassungsgerichtspräsidenten haben die deutschen Länder ihr Landesverfassungsrecht so auszugestalten oder, soweit dies nach geltendem Recht möglich ist, so zu interpretieren oder zu handhaben, dass die vorhandenen Defizite im parlamentarisch-demokratischen System in gewissem Grade kompensiert werden können. Die Zeiten sollten vorbei sein, in denen in Zusammenhang mit dem europäischen Einigungsprozess immer nur die Auszehrung des parlamentarischen Systems beklagt wurde: „Es muss nunmehr darum gehen, von Verfassungs wegen kompensatorische Regelungen für die teilweise zwangsläufig eingetretenen Verluste einzufordern." Über die in den Ländern, auf verfassungsrechtlicher Grundlage oder auf Grund von Absprachen zwischen den Landtagen und den Landesregierungen, eingeräumten Beteiligungsrechte des Landtages stellt sich Papier bestimmte Bindungen vor, die von den Beschlüssen der Landtage im Hinblick auf das Abstimmungsverhalten der Landesregierungen im Bundesrat ausgehen. Die Länder verfügen über eigene Verfassungshoheit, regeln also das verfassungsrechtliche Verhältnis der Verfassungsorgane des Landes zueinander eigenständig, also auch die Art und Weise, wie Abstimmungen einer Landesregierung im Bundesrat vom Landesparlament vorgegeben werden. Papier verweist in diesem Zusammenhang darauf, dass das Bundesverfassungsgericht selbst in seiner Lissabon-Entscheidung für die Bundesebene und die hier in Bezug auf die Europäische Union geltende Integrationsverantwortung des Bundestages solche bindenden Beschlüsse über das Abstimmungsverhalten der Bundesregierung im Europäischen Rat ausdrücklich gefordert hat.

Für Professor Hans-Jürgen Papier geht es um nicht mehr und nicht weniger als die Existenz der parlamentarischen Demokratie auf der Ebene der deutschen Länder, also letztlich um deren Staatsqualität und damit um unverzichtbare Existenzbedingungen der föderalen Ordnung in der Bundesrepublik Deutschland. Es geht um die Zukunft der deutschen Länder überhaupt. Es sei also an der Zeit für die Länder, so der Verfassungsrechtler, die Notbremse zu ziehen.

Zu einer ähnlich düsteren Bestandsaufnahme der parlamentarischen und politischen Rechte der deutschen Länder und vor allem derer Parlamente im Zuge der europäischen Integration kommt Andreas Voßkuhle, derzeitiger Präsident des Bundesverfassungsgerichts. Gerade die Gesetzgebungskompetenzen seien es, die den Landesparlamenten zunehmend abhanden kämen, bilanzierte Voßkuhle in einem Vortrag zum 60jährigen Bestehen des Landes Baden-Württemberg. Der Grund für diesen Bedeutungsverlust sei im „Bauplan des bundesdeutschen Föderalismus" zu sehen, weil laut Grundgesetz nur Vertreter der Landesregierungen, nicht der Landesparlamente in den Bundesrat entsandt würden. Eine weitere wichtige Ursache für diese Entwicklung zu Lasten der Landtage ist für Voßkuhle die europäische Integration. Während der Bundestag durch den Vertrag von Lissabon wieder mehr politische Beteiligungsrechte bekommen habe, hätten die Parlamente der deutschen Länder gegenüber Brüssel an Bedeutung verloren.

Bayern, als das Land mit einem besonders starken Staatsbewusstsein unter den deutschen Ländern, hat immer beklagt und darunter gelitten, dass der europäische Einigungsprozess in seiner Geschichte und in seinen verschiedenen Stufen stets von „Landes- oder Länderblindheit" gekennzeichnet war. Schon Walter Hallstein, erster deutscher Kommissionspräsident, hat diesen Befund diagnostiziert, und in den Jahrzehnten seither ist diese Krankheit zur Seuche geworden. So war und ist der Freistaat Bayern von den Ministerpräsidenten Franz Josef Strauß, Max Streibl, Edmund Stoiber bis zu Horst Seehofer stets darauf aus, seine Mitspracherechte in Europa zu stärken. Es ist mehr als eine Anekdote, sondern ein bemerkenswertes Beispiel: Schon Anfang der sechziger Jahre des vorigen Jahrhunderts waren die Bemühungen des Freistaates Bayern, in Brüssel eigene Interessen selbst in die Hand zu nehmen und Kontakt zu den europäischen Institutionen zu halten, der Bundesregierung ein gewaltiger Dorn im Auge. Bundeskanzler Ludwig Erhard schickte einen Minister nach Brüssel, um Kommissionspräsident Hallstein klarzumachen, dass in Bonn derart enge Beziehungen zwischen der Kommission und dem Freistaat Bayern nicht gerne gesehen würden. In München ließ man sich von solchen Interventionen nicht beirren. Unter Ministerpräsident Strauß eröffnete Bayern sein erstes Büro in Brüssel, und seit langem verfügt der Freistaat inmitten des Gebäudekomplexes des Europäischen Parlaments über die bekannteste und populärste aller Ländervertretungen in Brüssel.

Die deutschen Länder wollten aber nicht nur Vertretungen in Brüssel, sie forderten von den europäischen Organen die Anerkennung als eigenständige

politische Ebene unterhalb jener der Mitgliedstaaten, wofür sich der Begriff der Region durchgesetzt hatte. Bayern forderte Ende der achtziger Jahre ein Vertretungsorgan der Regionen als dritte Ebene nach der Gemeinschaft und den Nationalstaaten. Bayerns Ministerpräsident Max Streibl, glühender Verfechter eines bürgernahen und den Menschen Heimat gebendes „Europas der Regionen", forderte neben dem Europäischen Parlament eine mit dem Bundesrat vergleichbare Regionalkammer, die den deutschen Ländern echte Mitwirkungsrechte verschaffen sollte. Streibl erinnerte nicht nur einmal daran, dass Bayern nicht vor vierzig Jahren in Deutschland eine föderale Ordnung erkämpft habe, „um nun unsere Eigenständigkeit einem gleichmacherischen Europa zu opfern".
Sein Wort „Ein geeintes Europa wird es letztlich nur auf der Grundlage des Föderalismus geben oder es wird dieses Europa nicht geben" nahm für die Regierungen in München programmatischen Charakter an. Kommissionspräsident Jacques Delors kam im Januar 1991 nach München, um vor dem Bayerischen Landtag zu erklären, dass seiner Meinung nach eine solche Etablierung eines Mitspracherechts der Regionen, also der deutschen Länder und auch Bayerns, nicht möglich sei: „Angesichts des in einzelnen Mitgliedstaaten sehr unterschiedlich ausgeprägten Status der Regionen ist eine Einbeziehung der Regionen oder eine Regionalkammer in die förmlichen Mechanismen der Gemeinschaft derzeit nicht möglich. An dem unterschiedlichen Grad der Autonomie der Regionen Europas wird sich zudem so schnell nichts ändern, denn dahinter verbergen sich nicht nur bloße Verfassungsbestimmungen, sondern teilweise Jahrhunderte alte Traditionen. Aus diesem Grund muss eine Lösung gefunden werden, die von allen Mitgliedstaaten

akzeptiert werden kann und die die Möglichkeit einer späteren Institutionalisierung der regionalen Vertretung offen lässt."

Es kam der Ausschuss der Regionen. Reinhold Bocklet, erfahrener bayerischer Landes- und Europapolitiker, stellt zu dessen Bedeutung – besser Nicht-Bedeutung – lapidar fest: „Der Ausschuss der Regionen stellt für die deutschen Länder kein zentrales Instrument ihrer europapolitischen Interessenvertretung dar. Die Erwartungen, die mit der Einrichtung dieses Ausschusses von Seiten der deutschen Länder verbunden waren, haben sich in keiner Weise erfüllt. Die Heterogenität seiner Mitglieder und deren unterschiedliche politische Prioritäten verwässern den Inhalt seiner Stellungnahmen. Die Interessen der Regionen mit Legislativbefugnissen, insbesondere der deutschen Länder, unterscheiden sich ganz wesentlich von denen der Vertreter der Gemeinden, Städte und Provinzen, die zudem in deutlicher Überzahl sind."
Die Erfahrungen haben gezeigt, so Bocklet, dass der politischen Idee eines Europas der Regionen in der harten Wirklichkeit der staatsrechtlich von den Mitgliedstaaten getragenen Europäischen Union ganz im Gegensatz zur eindrucksvollen Entwicklung Bayerns zu einer führenden europäischen Spitzenregion kein institutioneller Erfolg beschieden war.

Trotz des vertraglich fixierten Subsidiaritätsgrundsatzes und trotz eines dem Vertrag von Amsterdam 1999 angefügten „Protokolls über die Anwendung der Grundsätze der Subsidiarität und Verhältnismäßigkeit" hat sich nach Ansicht von Reinhold Bocklet das Subsidiaritätsprinzip nicht als Schranke gegen immer weiter ausgreifende Kompetenzanmaßungen der Europäischen Union bewährt. Der Grundsatz der Subsidiarität erweist sich in der Praxis als zu variabel und beliebig und damit als von den unterschiedlichen Interessen der Beteiligten abhängig. Bocklet: „Zum einen bestreitet die Kommission immer wieder die Fähigkeit der Mitgliedstaaten zur selbständigen Regelung und begründet die Notwendigkeit einer europäischen Regulierung mit dem Hinweis, dass einzelne Mitgliedstaaten nicht über spezifische Rechtsvorschriften verfügten. Zum anderen scheitert die Anwendung des Subsidiaritätsprinzips im politischen Alltag daran, dass sich die Mitgliedstaaten durch die von der Kommission in Aussicht gestellten europäischen Fördermittel an den ‚goldenen Zügel' legen lassen. Man muss feststellen, dass derjenige, der von Brüssel Geld erwartet, anders über das Subsidiaritätsprinzip denkt als derjenige, der eher seine Zahlungen in die EU-Kasse im Blickfeld hat."

Die deutschen Länder, vor allem auch deren Parlamente, müssen sich, so mahnt Reinhold Bocklet, sei Jahren erster Vizepräsident des Bayerischen Landtags, in Sachen europäischer Integration selbst helfen, wenn sie nicht unter die Räder Brüsseler Gleichmacherei kommen wollen. Das Thema Europa steht regelmäßig auf der Tagesordnung, wenn sich die Präsidien der deutschen Länderparlamente zu ihren Beratungen und Beschlüssen treffen. Der Bayerische Landtag hat sein Parlamentsinformationsgesetz zu einem Parlamentsbeteiligungsgesetz fortentwickelt und die Bindungswirkung von Landtagsbeschlüssen für die Staatsregierung in Angelegenheiten der Europäischen Union verstärkt, soweit sie die ausschließliche Gesetzgebungskompetenz des Landes betreffen. Die bisher verfassungsrechtlich stärkste Konsequenz hat der Landtag von Baden-Württemberg gezogen. Er hat die Gedanken von Professor Hans-Jürgen Papier aufgegriffen und im Februar 2011 – vor der

Landtagswahl dieses Jahres und vor der daraus folgenden revolutionären Veränderung der politischen Verhältnisse im deutschen Südwesten – eine wichtige Änderung der Landesverfassung beschlossen. In ihr wurde eine imperative Bindung der Landesregierung an die Beschlüsse des Landtags verankert, wenn ausschließliche Gesetzgebungszuständigkeiten des Landes ganz oder teilweise auf die europäische Union übertragen werden sollen.

Der Freistaat Bayern steht in seiner Selbstbehauptungspolitik gegenüber Wesen und Werden der Europäischen Union hinter seinem Nachbarn Baden-Württemberg nicht zurück. Der Bayern und seinen Menschen besonders ausgeprägt innewohnende Drang nach Eigenständigkeit und Eigenstaatlichkeit hat die europäische Integration von Anfang an zu einem Kernthema bayerischer Politik gemacht. Nicht zufällig hat die Christlich-Soziale Union in ihrem „Bayernplan" für die dann überragend gewonnenen Landtags- und Bundestagswahlen des Jahres 2013 Kernsätze zu Europa an einen prominenten Platz gestellt: „Bayern liegt im Herzen Europas. Die europäische Einigung ist das größte Friedenswerk der Nachkriegsgeschichte. Wir wollen die europäische Integration, aber wir wollen keinen Bundesstaat Europa. Das Europa der Zukunft braucht starke und eigenständige Regionen wie Bayern. Wir wollen ein demokratischeres, bürgernäheres und transparenteres Europa." Bayerns Ministerpräsident und CSU-Vorsitzender Horst Seehofer will, dass das bayerische Parlament in Sachen Europa mehr Kompetenzen bekommt, wenn Kompetenzen des Landtags durch Übertragung von Hoheitsrechten auf die Europäische Union betroffen sind. In solchen Fällen soll die Staatsregierung künftig in ihren verfassungsmäßigen Aufgaben durch Gesetz gebunden werden.

Das Europa der Regionen ist nicht nur ein vertragsrechtliches und ein politisches, es ist in erster Linie ein menschliches Thema. Wohl ist die Unionsbürgerschaft im Vertrag über die Europäische Union festgeschrieben. Fragt man aber die Menschen des Kontinents nach ihrer Staatsbürgerschaft, sagen die wenigsten, sie seien Europäer. Sie fühlen sich als Angehörige ihrer Nation, ihrer Region, ihres, auf Deutschland bezogen, Landes. Nicht vergessen werden sollte, dass in der Zeit ihrer Anfänge die europäische Integration nicht nur Sicherheit für Deutschland, sondern auch Sicherheit vor Deutschland vermitteln sollte. Hier ist die Tatsache, dass nicht ausschließlich der „Riese Deutschland", sondern in der Vielfalt der deutschen Länder der Bayer oder Hesse, der Württemberger oder Badener, der Sachse oder Westfale, der Pfälzer oder Mecklenburger den anderen Europäern gegenübertritt, eher geeignet, Ängste vor Deutschland und Erinnerungen an ein für die Nachbarn bedrohliches Deutschland abzubauen. Thomas Goppel, in der langen Reihe der von ihm innegehabten bayerischen Staatsämter auch Minister für Bundes- und Europaangelegenheiten, hat auf diesen Zusammenhang hingewiesen. Mit dem Europa der Regionen wird einer gegenläufigen Entwicklung Rechnung getragen – einmal dem Trend zu Globalisierung und überstaatlicher Integration, zum anderen aber auch dem Trend zurück zur kleineren Einheit, zur Nation, zur Region, zur Heimat, zum Sichwiederfinden im eigenen vertrauten Umfeld. Dem Bekenntnis zum Herkommen, zu dem Ort, wo man lebt und daheim ist, wird nach allgemeiner Einschätzung eine eher zunehmende Tendenz bestätigt. Die Neigung, sich nach Möglichkeit die Autokennzeichen seit Jahrzehnten aufgelöster Landkreise wieder zu beschaffen, ist ein Indiz dafür und besonders bei der jungen Generation verbreitet. Es mag sein, dass die Bayern glauben, dieser ausgeprägte Trend zur Heimat gelte im besonderen für sie. Die Wahrheit wird sein, dass dieser Trend überall in Europa gilt.

Seit Aristoteles gibt es in Europa die Theorie der Gewaltenteilung im Staat, wieder aufgenommen von dem Engländer John Locke und von diesem entlehnt und einer breiten Öffentlichkeit zugänglich gemacht vom französischen Baron Charles Secondat de Montesqieu. Danach wird die staatliche Gewalt aufgeteilt in die gesetzgebende, die ausführende und die richterliche. Sinn dieser Zuständigkeitsteilung ist es, den richtigen Ausgleich zwischen dem notwendigen Machtmonopol des Staates und dem Anspruch des einzelnen Menschen auf Freiheit zu finden. Zu dieser dreigliedrigen Grundordnung staatlicher Gewalt kommt noch eine vierte Art der Gewaltenteilung, nämlich der Föderalismus. Wird die Gewalt innerhalb eines Staates auch auf die Gliedstaaten verlagert – möglichst weit, aber wenigstens in Teilen – so bedeutet dies zwangsläufig eine Beschränkung der Zentralgewalt und somit ein Mehr an Freiheit.

Was für den einzelnen Staat gilt, gilt verstärkt für einen wie immer gearteten Zusammenschluss vieler Staaten, wie die Europäische Union einen darstellt. Weil großen Staaten und großen Zusammenschlüssen wie der Europäischen Union Drang und Zwang zu Machtanmaßung und Gleichmacherei in besonderer Weise innewohnen, ist hier die Bremswirkung des Föderalismus doppelt notwendig. Wie heilsam sich Föderalismus als Bollwerk gegen einen überzogenen zentralistischen Machtanspruch auswirkt, zeigt das

Beispiel der Vereinigten Staaten von Amerika. Die USA demonstrieren die Abweichung von der Regel, wonach ein Staat oder ein Staatenbund mit zunehmender Größe angeblich nur noch mit zunehmender Zentralmacht zu regieren ist. Nicht nur die Teilstaaten, sondern auch einzelne Kommunen haben in den USA legislative Rechte, die über diejenigen hinausgehen, die den Mitgliedstaaten der EU noch verblieben sind. Konkret: Ein beliebiges County in den USA kann in Punkten Recht setzen, die der Hoheit europäischer EU-Staaten längst entzogen sind. Allerdings: In Amerika wird auf den europäischen Gleichheitswahn verzichtet, der eine Hauptursache für viele EU-Maßnahmen, Regeln, Richtlinien und Gesetze ist, derentwegen der Abstand von Millionen von Europäern zu ihrer Brüsseler Zentrale immer größer wird.

Was dabei für die Menschen in erster Linie verloren geht, ist Heimat. Ein Verlust, der mit der Einheit Europas keineswegs verbunden sein sollte.

Die Macht der Bürokratie: Wenn Diener zu Herren werden

Der Zusammenhang liegt auf der Hand: Je größer ein bürokratischer Apparat, desto größer sein Ausstoß an bürokratischer Produktion. Für die Europäische Union in ihrer derzeitigen Organisationsform gilt dieser Erfahrungssatz in besonderer Weise. Mit keiner anderen Institution wird von den Menschen in Europa, und vor allem gilt diese Einstellung in Deutschland, eine überbordende und erdrückende Bürokratie so sehr empfunden und verbunden wie mit dem Begriff Brüssel. Weil dabei nicht unbedingt zwischen den Organen der Union unterschieden wird, trifft die Hauptwucht dieses Vorwurfes die Europäische Kommission.

Nicht ohne Grund gilt die Europäische Kommission als die Wurzel des Übels einer europäischen Bürokratie, die hinzunehmen die Menschen in Europa immer weniger bereit sind. Schon die absurde Tatsache, dass es 28 Kommissare und damit 28 in eifersüchtigem Binnenwettbewerb stehende bürokratische Einheiten gibt, zeigt, in welche Irrwege sich die Europäische Union verrannt hat. 28 Kommissare haben ständig den Nachweis der Berechtigung ihres Amtes zu erbringen. Um im Vergleich vorne zu liegen und damit die Wichtigkeit und Unentbehrlichkeit der eigenen Generaldirektion oder Dienststelle zu demonstrieren, müssen Papiere am laufenden Band produziert werden. Zum einen will man in der politischen und medialen Öffentlichkeit nicht vergessen und deshalb als überflüssig erachtet werden, zum anderen geht es nicht weniger darum, im internen Brüsseler Wettrennen auf den vorderen Plätzen zu landen.

Kommissare – schon die Dienstbezeichnung erinnert eher an die Verfolgung von Straftätern oder für all jene EU-Mitgliedstaaten, die bis vor gar nicht so langer Zeit unter der kommunistischen Zwangsherrschaft zu leben gezwungen waren, an die allmächtigen Funktionäre eines allumfassenden staatlichen Unterdrückungsapparates. Hat von daher schon der Begriff Kommissar einen zumindest absonderlichen Beiklang, führt die Zahl der in Brüssel tätigen Führungskräfte dieses Namens – 28! – geradezu in das Reich des Absurden. Im Politikbetrieb des EU-Hauptortes Brüssel ist kaum jemand anzutreffen, der nicht, zumindest hinter vorgehaltener Hand, die Zahl der 28 Kommissare für zu hoch und deshalb für das Ansehen und die Wirkung der Europäischen Union für abträglich und schädlich hält. Nur durch ein sinnwidriges Aufsplittern zusammengehörender Politikbereiche und durch das Erfinden immer neuer angeblich selbständiger Zuständigkeitsfelder gelingt es mit jedem Beitritt eines neuen Mitglieds zur Europäischen Union immer wieder, die Zahl der Kommissare zu vergrößern. Die Konsequenz ist jedes Mal, dass der über Europa gebreitete Teppich der Vorschriften und Regelungen dichter gewebt und die politischen Entscheidungsrechte der Mitgliedstaaten weiter eingeschränkt werden. Das Netz der Unfreiheit, entstehend aus einem an Besessenheit grenzenden Drang und Zwang zu Bevormundung und Vereinheitlichung, legt sich zunehmend in bedrückender Dichte über die Menschen. Die Unionsbürgerschaft, die für eine besondere und den Traditionen des Kontinents entsprechende europäische Freiheitsidee stehen sollte, wird mehr und mehr zu einer Bürgerschaft der Unfreiheit.

Schon längst hätte die Zahl der 28 Kommissare drastisch reduziert werden müssen, weil nur dadurch die so oft beklagte fehlende Handlungsfähigkeit in den wirklich großen politischen Fragen Europas verbessert werden könnte. An der Einsicht in diese Notwendigkeit fehlt es in den Mitgliedstaaten der Union nicht, zum Abstellen eines längst nicht mehr hinnehmbaren Zustandes aber fehlt die Kraft. Ansätze zu einer Verringerung der Anzahl der Kommissare hat es gegeben. Nach dem Vertrag von Nizza hätte schon ab der Europawahl von 2009 ihre Zahl kleiner als die der Mitgliedstaaten sein müssen. Zudem sieht der seit dem 1. Dezember 2009 geltende Vertrag von Lissabon vor, dass nach der Wahl des Europaparlaments im Jahr 2014 nur noch zwei Drittel der 28 Mitgliedstaaten einen Kommissar stellen können. Allerdings – die Hintertüre steht offen und man kann nach europäischer Übung davon ausgehen, dass sie auch benützt wird – kann der Europäische Rat durch Beschluss auch eine andere Zusammensetzung der Kommission festlegen.

Im Ratifikationsverfahren des Lissabon-Vertrages regte sich in kleineren EU-Staaten heftige Kritik an den Verkleinerungsplänen. Dieses Vorhaben galt als einer der Gründe, weshalb das erste Referendum, das in Irland über den Vertrag stattfand, am Widerstand der Menschen auf der Grünen Insel scheiterte. Prompt sicherte der Europäische Rat den aufsässigen Iren im Dezember 2008 zu, dass bei einer positiven Abstimmung und dann bei Inkrafttreten des Vertrages selbstverständlich von einer Verkleinerung der Kommission abgesehen werde. Auch wenn dazu ein offizieller Beschluss noch nicht gefasst wurde, ist man sich in der Brüsseler EU-Zentrale sicher, dass es bei der bisherigen Regelung bleibt. Da andererseits die Europäische Union, darin auch nicht von ihren Mitgliedstaaten gebremst, trotz aller schlechten Erfahrungen in der Vergangenheit weiterhin an ihren Erweiterungsplänen arbeitet, steht langfristig einer Zunahme der Zahl der Kommissare eher nichts im Wege.

Die EU-Kommission, an deren Spitze seit 2004 der Portugiese José Manuel Barroso als Präsident steht, schmückt sich mit der Rolle einer „Hüterin der Verträge". Das klingt gut. Und es klingt harmlos, wenn es heißt, die Kommission habe darauf zu achten, dass die Mitgliedstaaten die europarechtlichen Verpflichtungen, die sie eingegangen sind, auch einhalten. Wer aber hütet Europa und die Europäer vor der Kommission? Vor einer Kommission, die in einem offensichtlichen Automatismus der Ausdehnung ihres Einflusses und ihrer Macht die europäischen Vertragswerke grundsätzlich so deutet, dass aus ihnen immer mehr Kompetenzen für die Zentrale und immer weniger Zuständigkeiten für die Mitgliedstaaten herausgelesen werden?

Die alleinige Deutungshoheit, die hier die Kommission mehr und mehr für sich beansprucht, findet ihren Niederschlag auch in den Entscheidungen des Europäischen Gerichtshofs, der in seinen Urteilen eindeutig von der Tendenz geprägt ist, Europa immer mehr und den Nationalstaaten immer weniger Rechte zu überlassen. In diesen Kontext gehört, dass die Anrufung und Beschäftigung des deutschen Bundesverfassungsgerichts mit europäischen Themen, beispielsweise im Zusammenhang mit der Währungs- und Staatsschuldenkrise und der Eurorettung mit dem Mittel von Milliarden-Rettungsschirmen, in Brüssel höchst ungern gesehen wird.

Dazu passt, dass Justiz-Kommissarin Viviane Reding vor dem Deutschen Juristentag in München im September 2012 offen ihren Unmut darüber kundgab, dass in Deutschland im Zusammenhang mit der Eurorettungs-Politik so häufig von „Rechtsbruch" die Rede sei, wo sie doch bei den bisherigen Verstößen gegen Verträge einen solchen nicht zu erkennen vermöge. Schon vor dieser Veranstaltung hatte Kommissarin Reding in einem Interview mit der „Frankfurter Allgemeinen Zeitung" mehr juristische Kompetenz für die Europäische Kommission gefordert. Zur Gewährleistung und Sicherung der Rechtsstaatlichkeit in den einzelnen Mitgliedstaaten hält sie einen EU-Justizminister für notwendig. Dafür sollte gegebenenfalls auch der EU-Vertrag geändert werden – ein extremer Eingriff in die staatliche Souveränität der EU-Staaten und eine ebenso extreme zusätzliche Machtzunahme für den europäischen Einheitsstaat. Die Frage, wer die Europäer vor der „Hüterin der Verträge" schützt, stellt sich angesichts solcher Planspiele verschärft.

Im demokratischen Normalfall ist die Zuständigkeit für Gesetze und Gesetzgebung in den Parlamenten zu Hause, in der Bundesrepublik Deutschland also im Deutschen Bundestag oder in den Landtagen der Länder. In Brüssel ist dieser demokratische Grundsatz auf den Kopf gestellt – die Kommission als die oberste Behörde der Europäischen Union, als „Regierung", hat das alleinige Initiativrecht, nur sie kann den formalen Vorschlag zu einem Rechtsakt in der EU machen und diesen dem Rat der Europäischen Union und dem Europäischen Parlament vorlegen. Rat und Parlament haben zwar das Recht, Vorschläge der Kommission abzuändern oder zu erweitern, sie können aber nicht von sich aus ein Rechtssetzungsverfahren einleiten. Kommen Europäischer Rat oder Europäisches Parlament zu Änderungen an Vorschlägen der Kommission, kann diese noch einmal Stellung und dadurch positiv oder negativ Einfluss nehmen.

Die Durchführung von Rechtsakten und Gesetzen der EU ist im Normalfall nach innerstaatlichem Recht Sache der Mitgliedstaaten. Aber auch hier hat die Kommission ein starkes Mitspracherecht. Angesichts der Kompliziertheit vieler Regelungen hat sich ein sogenanntes Komitologie-Verfahren entwickelt, in dem Vertreter der nationalen Regierungen unter Mitwirkung von Mitarbeitern der Kommission die gebotenen Maßnahmen zur Durchführung von EU-Gesetzen beschließen. Die Beamten der Kommission reden also auch dort einflussreich mit, wo eigentlich die Mitgliedstaaten selbst am Zuge wären.

Das Selbstbewusstsein, mit dem Kommissionspräsident Barroso – auch Deutschland gegenüber gelegentlich in seiner belehrenden Art – auftritt, hat mit der Macht seines Amtes zu tun. Berufen wird der Präsident mit qualifizierter Mehrheit vom Europäischen Rat, wobei die Grundlage der Entscheidung das Ergebnis der jüngsten Wahl zum Europäischen Parlament ist, das dann auch dieser Berufung zustimmen muss. Barroso wird von der Europäischen Volkspartei (EVP) getragen, der auch die beiden Unionsparteien CDU und CSU angehören. Präsident des Europäischen Parlaments ist Martin Schulz von der SPD, die wiederum zur Sozialistischen Fraktion gehört. Barroso ist seit 2004 Kommissionspräsident, nach der Europawahl von 2009 wurde er mit 382 von 718 Stimmen für eine zweite Amtszeit wiedergewählt. Die einzelnen Kommissionsmitglieder werden von den Regierungen ihres Landes nominiert, diese Liste wird dann vom Europäischen Rat und dem – zu diesem Zeitpunkt erst designierten, aber noch nicht gewählten – Präsidenten mit qualifizierter Mehrheit akzeptiert. Seit der ersten Direktwahl im Jahre 1979 hat das Europäische Parlament mehr und mehr an politischer Macht gewonnen. So hat es nach der Nominierung der Kommissare durch den Europäischen Rat nicht nur das Recht der Einzelbefragung. Ist es mit der Qualität des einen oder anderen präsentierten Kandidaten nicht zufrieden, kann es die Kommission als ganzes ablehnen.

Nimmt man die politische Macht der Kommission, eher die von ihrer Dimension her gesehene Übermacht, fällt das demokratische Defizit bei ihrer Installierung umso deutlicher ins Auge. Anders als jede nationale Regierung, unmittelbar einem Parlament, das wiederum vom Volk nach dem Grundsatz „one man, one vote" gewählt ist, verantwortlich, steht die Kommission nach demokratischen Maßstäben auf schwachen Beinen. Sie wird eben nicht von demokratisch gewählten Abgeordneten ins Amt gebracht, sondern bezieht ihre Kompetenz nur indirekt über die Regierungen der Mitgliedstaaten und aus begrenzten Mitspracherechten des Europäischen Parlaments.

Eine Sonderrolle unter den 28 Kommissaren nimmt Lady Catherine Ashton, die Vertreterin des Vereinigten Königreichs und der Labour Party zugehörig, in der Kommission ein. Sie ist nicht nur eine von sieben Vizepräsidenten der Kommission – eine beachtliche Zahl bei 28 Mitgliedern und überflüssiger Aufblähung näher als der Beschränkung auf das Notwendige –, sondern gleichzeitig Außenkommissarin und Hohe Beauftragte für die Gemeinsame Außen- und Sicherheitspolitik (GASP) der EU. Ins Leben gerufen wurde diese neue EU-Institution mit dem Lissabon-Vertrag, mit dem eine gemeinsame europäische Außenpolitik vorangebracht werden sollte. Übrigens ein Ziel, das in den Meinungsumfragen innerhalb der EU große Zustimmung erfährt! Bisher allerdings ist der politische Ertrag dieser außenpolitischen Konzentration nach Brüsseler Art überschaubar, das bürokratische Durcheinander dagegen nicht weniger groß als der finanzielle Aufwand. Dramatische Krisen und Kriege vor der Haustüre Europas vollziehen sich, ohne dass es bei ihrer Bewältigung nennenswerte Brüsseler Mitwirkung gibt. Europa schaut interessiert zu, erklärt Betroffenheit und Empörung – handeln müssen andere, ob sie in New York, Washington oder Moskau sitzen. Europas Außenpolitikchefin Ashton darf zwar bei allfälligen Konferenzen noch mit aufs Bild, das entscheidende politische Gewicht aber wird von anderen eingebracht. Die berühmt gewordene Frage von Henry Kissinger, wo und wie denn die Telefonnummer Europas sei, ist nach wie vor unbeantwortet.

Selbstverständlich – es wäre im europäischen Einigungsprozess auch unüblich – beschränkte man sich bei der formellen Etablierung einer Gemeinsamen Außen- und Sicherheitspolitik (GASP) nicht darauf, zuerst einmal alle in Brüssel vorhandenen außen-, sicherheits- und entwicklungspolitischen Aktivitäten zusammenzufassen. Schon dies hätte ausgereicht, alle Kräfte von Lady Ashton, ohne jede außenpolitische Erfahrung ins Amt gekommen, zu fordern. Über diesen Bestand an Aufgaben hinaus wurde sogleich ein neuer Europäischer Auswärtiger Dienst (EAD) ins Leben gerufen. Kostspielige Mehrgleisigkeit war programmiert. Inge Gräßle, CDU-Europaabgeordnete aus Baden-Württemberg und seit Jahren profilierte und unerbittliche Beobachterin und Kritikerin europäischen Finanztreibens, registriert nach zwei Jahren Europäischen Auswärtigen Dienstes „Ernüchterung und Frustration". Eine wirkliche Effizienzsteigerung auf europäischer Ebene vermag sie nicht wahrzunehmen.

Dabei war die Ausgangsüberlegung durchaus überzeugend. Unter einer personellen Verantwortung, jener von Lady Ashton, wollte man Doppeltes zusammenführen: Darunter sollten sich die gewachsenen Strukturen der EU wiederfinden, zum einen die entwicklungs- und erweiterungspolitisch relevanten Aktivitäten der seit Jahrzehnten in Drittstaaten aktiven EU-Kommission, zum anderen die inzwischen unter der Oberhoheit der Mitgliedstaaten im Rat in Brüssel entwickelten Elemente der „Hohen Beauftragten" sowie Sonderbeauftragte und militärische Unterstützungsdienste. Sie alle sollten in einer eigenen unabhängigen Behörde zusammengefasst werden und außerdem ein Drittel der Stellen für Diplomaten aus den Mitgliedstaaten anbieten. Alle anderen Angehörigen des neuen Auswärtigen Dienstes der EU sollten aus der Kommission oder aus dem Sekretariat des Europäischen Rates kommen.

Die Realität des neuen „Ressorts" sieht anders aus: Das bürokratische Durcheinander hält an, bisher auf einzelne Kommissionen verteilte Zuständigkeiten werden von diesen zäh verteidigt, die Auswärtigen Dienste der Mitgliedstaaten wollen von ihrem gewohnten Kuchen kein Stück abgeben. Auf die entschlossene Zusammenfassung des zu einem erweiterten Begriff von Außenpolitik Gehörenden hat man von Anfang an verzichtet – die Bewältigung des Klimawandels, eine weltweite Rohstoff- und Energiepolitik, die für Europa so wichtige Handelspolitik. Für all dies ist nach wie vor die Kommission in ihren verschiedenen Feldern zuständig. Inge Gräßles Zwischenbilanz: „Ein klarer Interessenskonflikt und eine Ressourcenverschwendung, ausgetragen auf dem Rücken der Steuerzahler. Sie bezahlen – alle EU-Mitgliedstaaten zusammengerechnet – rund 55.000

Diplomaten und damit mehr als doppelt so viele wie die Vereinigten Staaten von Amerika haben, nämlich rund 22.000."

Ende 2013 hatte der EAD rund 3.700 Mitarbeiter – dabei gibt es in keiner anderen EU-Institution so viele hohe Beamte wie in diesem Bereich. Entgegen aller Versprechen ist das Projekt selbstverständlich nicht haushaltsneutral, wie schon die erstmalige Vorlage der Zahlen für das Jahr 2011 ergeben hatte. Obwohl angekündigt war, das Personal aus den Dienststellen der Kommissionen und aus dem diplomatischen Dienst der Mitgliedstaaten zu holen, mussten neue Stellen geschaffen werden. In keiner anderen EU-Institution, klagt Inge Gräßle, gibt es so viele hohe Beamte für so wenig Personalverantwortung wie im Europäischen Auswärtigen Dienst. Dazu gesellt sich noch eine unklare Geschäftsverteilung, die auf höchster Ebene beginnt und sich bis nach unten fortsetzt. Der Europäische Rechnungshof prüft inzwischen auf Bitten des Europäischen Parlaments, ob diese Strukturen sinnvoll sind und welche Ergebnisse sie zeitigen.

Hinzu kommt, dass die Hohe Beauftragte Ashton oft nicht Nein sagt, wenn ein abgewählter Politiker aus einem Mitgliedstaat zu versorgen ist. So wurde ein Dienst aufgebaut, dessen Ineffizienz, so Inge Gräßle, in Brüssel sprichwörtlich geworden sei – als „mexikanische Armee" mit vielen Generälen, aber wenig Fußvolk. Auch der unabhängige österreichische Europaabgeordnete Martin Ehrenhauser übte an Aufbau und Struktur des Europäischen Auswärtigen Dienstes ätzende Kritik: „Durch den EU-üblichen Kompetenzkampf ist ein institutioneller Schoßhund entstanden, der an vielen Leinen in unterschiedliche Richtungen gezogen wird. Die dadurch entstandenen diffusen Zuständigkeiten und kostspieligen

Doppelgleisigkeiten ermöglichen kein effizientes Arbeiten. Der EAD ist ein Spiegelbild der undemokratischen und intransparenten Entscheidungsstrukturen der EU."

Die Europäische Union, ihre Bürokratie, ihre Beamtenschaft – dieser zusammengehörende Dreiklang ist ein immerwährendes Thema kritischer Beschäftigung in Politik und Medien. Besonders großes Aufsehen erregt es, wenn sich Ärger und Empörung über das Geschehen in Brüssel aus den eigenen Reihen heraus äußern. Von 1999 bis 2009 war Günter Verheugen, von der rot-grünen Bundesregierung Gerhard Schröder/Joschka Fischer nach Brüssel delegiert, Mitglied der EU-Kommission, zuständig für Unternehmen und Industrie und zudem einer der Vizepräsidenten des Führungsgremiums. Sein besonderer Auftrag: Abbau oder zumindest Zurückdrängen der Bürokratie im europäischen Betrieb. Als er dann nach einem Jahrzehnt in einem Interview mit der „Süddeutschen Zeitung" Bilanz zog, hätte diese fataler und erschreckender nicht ausfallen können. Völlige Resignation zeichnete das erschütternde Brüsseler Erfahrungsbild.

Verheugen erlebte einen ständigen Machtkampf zwischen den Kommissaren auf der einen und den hohen Beamten auf der anderen Seite. Man müsse höllisch aufpassen, dass die Beamten, „die ohne demokratische Legitimation" seien, nicht wichtige Fragen unter sich ausmachten. Der Beamtenapparat hat inzwischen, so nicht nur die Beobachtung Verheugens, eine solche Machtfülle, dass es für die Kommissare die wichtigste Aufgabe sei, die Beamtenschaft zu kontrollieren. Trotz aller einschlägiger Bemühungen: „Manchmal geht die Kontrolle über den Apparat verloren. Arrogant und von oben herab, machtbesessen und unkontrollierbar" – so beschreibt also ein

Insider nach zehnjähriger persönlicher Erfahrung das Verhalten der Spitzenbeamten der Kommission. Zu garantieren, dass die Politik das Sagen habe, sei im Brüsseler Apparat schwieriger als daheim in Deutschland. Nach deutschem Vorbild, so Verheugen, wo Minister hohe Beamte auswechseln könnten, müsste dies auch in der Kommission möglich sein. Wie sehr die Beamten und nicht die von den Mitgliedstaaten und vom Europaparlament bestellten Kommissare Kernentscheidungen treffen, geht aus Verheugens Forderung hervor, dass nicht länger ihre Generaldirektoren, sondern die Kommissare die Hoheit über die Verwendung ihrer Finanzmittel haben müssten. Die Verwaltung habe auf der europäischen Ebene zu große Spielräume, entscheide weitgehend über Personal, Mittelverwendung und Organisation und schwäche damit den Einfluss des einzelnen Kommissars.

Als ein Beispiel für das eigenmächtige Agieren von Brüsseler Beamten nannte Verheugen den Einsatz von Pestiziden, von denen Europas Verbraucher, Landwirte und Industrie massiv betroffen seien. Hier hätten hohe Beamte versucht, dieses Thema unter sich und unter bewusstem Ausschluss der Kommissare auszumachen. „Die Kommissare hatten von dieser Frage nur erfahren, weil es plötzlich Streit zwischen den Beamten gab, dabei wäre das von vornherein ein Thema für die Kommissare gewesen", klagte Verheugen. Das Bild, das sich hier von Brüsseler Vorgängen und Arbeitsweisen bietet, erklärt das weitverbreitete Unbehagen, das bei den Menschen in den Ländern Europas herrscht, wenn sie auf Brüssel schauen oder nur daran denken. Dabei ist Verheugens Urteil nicht die Sicht eines einzelnen europäischen Akteurs. Martin Schulz, zu dieser Zeit noch Fraktionsvorsitzender der Sozialisten im Parlament, forderte:

„Es wird höchste Zeit, dass in Brüssel das Primat der Politik durchgesetzt wird." Der CSU-Abgeordnete Markus Ferber konstatierte: „Die Beamten haben zu viel Macht an sich gerissen."

Alexander Radwan, damals Europa- und inzwischen Bundestagsabgeordneter der CSU, hält ebenfalls eine bessere Kontrolle der Beamten für dringend notwendig, erinnert aber daran, dass diese Kontrolle Aufgabe der Kommission sei, die ihren Pflichten aber nicht nachkomme. Noch ein Punkt ist bemerkenswert in der Generalabrechnung des Ex-Kommissars Verheugen mit den Verhältnissen an seinem früheren Arbeitsplatz und mit dem Verhalten von hohen Beamten. Wenn er den Umgang mit Vertretern der Mitgliedstaaten beobachtet und manche Brüsseler Beamtenschreiben an diese gelesen habe, so sei er entsetzt gewesen über deren Ton: „Technisch, arrogant, von oben herab."

Vielleicht ist dieses „Von-oben-herab-Gen" in den Köpfen von Brüsseler Beamten darauf zurückzuführen, dass sie an ihrem Arbeitsplatz mit Einkommen und Privilegien ausgestattet sind, von denen gleichrangige Kolleginnen und Kollegen im öffentlichen Dienst der einzelnen EU-Mitgliedstaaten, auch jene der Bundesrepublik Deutschland, nur träumen können. Es klang unglaublich. „Über 4.000 Beamte verdienen mehr als Merkel", meldete die „Welt am Sonntag" in ihrer Ausgabe vom 3. Februar 2013. Exakt 4.365 Mitarbeiter der Europäischen Kommission, so das Blatt, lägen mit ihren monatlichen Einkünften über dem Bruttoeinkommen der deutschen Bundeskanzlerin, das damals monatlich 16.275 Euro betrug. Nicht weniger atemraubend die Meldung der Sonntagszeitung, wonach 1.760 EU-Beamte auf ein Monatseinkommen über dem des deutschen

Bundespräsidenten – 18.083 Euro – kämen. Dass 26.292 der insgesamt 46.000 in europäischen Diensten Beschäftigten mit 7.960 Euro mindestens so viel verdienen, wie ein deutscher Bundestagsabgeordneter an Diäten bekommt, kann diesem alarmierenden Bild nur einen noch dramatischeren Hintergrund geben.

Voller Spannung blickte man der nächsten Ausgabe der „Welt am Sonntag", jener vom 10. Februar 2013 entgegen. Man suchte aufmerksam nach der Gegendarstellung aus Brüssel. Zu finden war sie nicht. Offensichtlich gab es nichts, was die Brüsseler Kommission in die Lage zu einer Gegendarstellung versetzt hätte. Das berichtete Zahlenwerk stimmte. Zu den üppigen Gehältern kommt hinzu, dass die Beamten der EU nur bescheidene Sozialabgaben zahlen und nur eine geringe Steuerlast zu tragen haben. Wieder ist es die CDU-Europaabgeordnete Inge Gräßle, die sich eines Themas annimmt, mit dem man sich bei den betroffenen Beamten, aber auch in der politischen Führungsschicht der Europäischen Union nur unbeliebt machen kann. Wer der Frage nach der Bezahlung, Versorgung und Privilegierung der europäischen Beamtenschaft nachgeht, wird umgehend mit dem Vorwurf des „Populismus" und des Neides überzogen, der Unwissenheit geziehen und als jemand gebrandmarkt, der die antieuropäischen Kräfte stärke. Inge Gräßle: „Ich tue es trotzdem. Denn der europäische öffentliche Dienst hat sich seit den 60er Jahren des letzten Jahrhunderts praktisch hinter verschlossenen Türen entwickelt – von Begünstigten für Begünstigte. Parlamentarische Mitsprache gibt es erst seit dem Vertrag von Lissabon 2009, aber dem Parlament ist es bisher nicht gelungen, die Hoheit über die Personalausgaben und das dazu gehörige Personalrecht, das sogenannte Personalstatut, zu erlangen."

Dabei wäre der genaue Blick auf die Personalkosten der Union angesichts der Summen, um die es dabei geht, dringend geboten: Im siebenjährigen Finanzzyklus der EU von 2014 bis 2020, der 960 Milliarden Euro bei den sogenannten Verpflichtungen umfasst, entfallen auf das Personal 63 Milliarden Euro und damit sechs Prozent aller EU-Ausgaben. Immerhin war es bei diesem Haushalt zum ersten Mal gelungen, die Forderungen des europäischen Establishments nach Ausdehnung der Mittel – die Billionengrenze sollte überschritten werden – zurückzuweisen. Nach 25-stündigen Verhandlungen hatten sich die damals, vor dem Beitritt Kroatiens, noch 27 Staats- und Regierungschefs gegen die ausgabefreudige Kommission durchgesetzt. Bundeskanzlerin Angela Merkel trug wesentlich zu diesem Beschluss bei. Auch dass Großbritanniens Premier David Cameron mit seiner harten Haltung einen Beitrag dazu geleistet hat, den ständig wachsenden Finanzansprüchen der Kommission endlich einmal ein Nein entgegenzusetzen, und dass er damit einen Dienst für Europa geleistet hat, sollte nicht vergessen werden.

In Personalangelegenheiten verweist die Kommission darauf, dass doch alle Regelungen einsehbar seien. Aber: Die Bestimmungen sind genauso intransparent wie ihre praktische Umsetzung. Sie erschließen sich nur denjenigen, die selbst zur Gruppe der Begünstigten gehören, nur sie wissen, welche Leistungen wie kombinierbar und multiplizierbar sind. Inge Gräßle sieht als Parlamentarierin darin ein Beispiel, wie erfolgreich die zu Kontrollierenden die Kontrolleure lenken: „Wir haben es mit der paradoxen Situation zu tun, dass Einzelbestimmungen öffentlich verfügbar sind, aber keine Zahlen über ihre Kosten und die der Leistungskombinationen und -multiplikationen, also die Information über den wirklichen Leistungsumfang. Analysen und Vergleiche sind praktisch nicht verfügbar, auch nicht vom Europäischen Rechnungshof. Reformen im öffentlichen europäischen Dienst, verbunden mit einschneidendem Privilegienabbau, werden, wenn überhaupt, nur zögernd angegangen. Ziel bleibt immer der angenehme Status quo, Lasten sollen bevorzugt für die unteren Lohngruppen anfallen."

Die Liste der von Inge Gräßle aufgezählten Wohltaten, die man sich in der Brüsseler Beamtenschaft gönnt, ist von Länge und Inhalt her beachtlich: „Unangetastet bleibt die 16-prozentige steuerfreie Auslandszulage, die der EU-Mitarbeiter zeit seines Arbeitslebens auf das Grundgehalt, die Haushaltszulage und die Zulage für unterhaltsberechtigte Kinder erhält, als ob ein Leben in Brüssel dauerhaft eine besondere Härte und der Lebensmittelpunkt weiterhin in der fernen Heimat sei. Die 16 Prozent erhält auch, wer in Luxemburg arbeitet und etwa im deutschen Moselstädtchen seiner Geburt wohnen bleibt. Für einen verheirateten Mitarbeiter mit zwei Kindern bedeutet diese Zulage ein Plus von 25 Prozent auf das Nettogehalt. Unangetastet bleibt die Kombination aus Urlaub und Betriebsurlaub. Zu 24 bis 30 Tagen Urlaub kommen noch eine Art Betriebsurlaub, bezahlte Büroschließtage zwischen Weihnachten und Neujahr und an einigen Brückentagen hinzu. Neun Tage sind dies. Mit dem Urlaub für die Reise ins Heimatland zählen wir bis zu 45 Tage = 9 Arbeitswochen!"

Weitere Belastungen des europäischen Steuerzahlers ergeben sich aus der 2007 eingeführten gleitenden Arbeitszeit, womit sich Mitarbeiter, die mehr als die zu dieser Zeit üblichen 37,5 Stunden pro Woche arbeiten, zwei Tage monatlichen oder 24 Tage jährlichen Extraurlaub ansparen. Mehr als 50 Prozent der Mitarbeiter nehmen an diesem Modell teil, selbstverständlich auch solche in den höchsten Gehaltsgruppen. Mit der gleitenden Arbeitszeit können also 57 bis 63 freie Tage pro Jahr anfallen, hinzu kommen die üblichen freien Tage für An- und Abreisen. Die Kosten: Jeder bezahlte freie Tag für alle EU-Beschäftigten beläuft sich auf rund 20 Millionen Euro! Inge Gräßle sieht nicht nur die Kosten, sondern auch weit schlimmere Folgen: „Nach meiner Beobachtung hat der Freizeitausgleich eine fatale Wirkung. Es gibt Beamte, die sich außerordentlich engagieren und viel Zeit in ihre Arbeit für die EU investieren. Diese Leistungsträger sind die Sherpas, auf deren Rücken andere sich die Freizeitansprüche erfüllen. Sie werden immer stärker belastet – und demotiviert. Innerhalb der europäischen Beamtenschaft ist der Rückhalt relativ groß, diese Form des Freizeitausgleichs abzuschaffen, die jedes Jahr mehr Anhänger findet. Kern des Beamtentums ist die Verfügbarkeit für dienstliche Zwecke und nicht die Konzentration auf die Freizeit."

Im Abbau überlebter Privilegien und in der Modernisierung des europäischen Dienstrechts sähe Frau Gräßle eine gute Wirkung nach innen und außen: „Denn welche Signale sendet dieses Dienstrecht, das nicht Leistungsanreize in den Mittelpunkt stellt, sondern Urlaub und Freizeit? Das in seinem internationalen, weltweiten Umfeld nicht vorrangig mit interessanten Arbeitsbedingungen und -inhalten lockt, mit Karriere und Aufstieg, sondern mit steuerfreien Zulagen, einem sehr günstigen europäischen Steuersatz – rund ein Drittel weniger als in Deutschland –, einer hohen Pension, und das alles bei sicherem

Arbeitsplatz? Und, nicht zu vergessen, garantiert das Dienstrecht einen krisenfesten Mechanismus zur jährlichen Gehaltserhöhung, der dank des Europäischen Gerichtshofes selbst für die Euro-Krisenjahre 2011 und 2012 für eine schöne Nachzahlung sorgen dürfte und für ein weiteres Plus im Jahr 2013?"

Man könnte meinen, dass der hier ins Auge springende Handlungs- und Reformbedarf bei allen drei europäischen Ebenen – Parlament, Rat und Kommission – zu schnellstmöglichem Handeln führen müsste. Die Wirklichkeit sieht anders aus: Die Kommission, am meisten betroffen, zögert, das Europäische Parlament, seit dem Lissabon-Vertrag erstmals bei diesem Thema Mitgesetzgeber, hat alle weitergehenden Reformvorschläge abgeblockt, im Rat haben sich nur acht EU-Staaten für eine tiefgreifende Reform ausgesprochen. Inge Gräßles pessimistische Prognose: „Ein Weiter so ist deshalb wahrscheinlich." Das ist die Wirklichkeit. Das Wunschbild findet sich in Artikel 298 des Vertrages über die Arbeitsweise der Europäischen Union (AEUV). Dort heißt es unter der Überschrift „Europäische Verwaltung": „Zur Ausübung ihrer Aufgaben stützen sich die Organe, Einrichtungen oder sonstigen Stellen der Union auf eine offene, effiziente und unabhängige europäische Verwaltung."

Europäische Bürokratie hat eine Innen- und eine Außenseite. Die Innenseite berührt die europäischen Steuerzahler, weil sie für die Aufrechterhaltung einer eigentlich nicht hinnehmbaren Privilegienwirtschaft aufkommen müssen. Und sie stellt die Frage nach der demokratischen Qualität der Europäischen Union – danach, wer in Brüssel wirklich regiert, wie demokratische Kontrolle funktioniert oder, besser gesagt, nicht funktioniert. Die Außenseite betrifft alle Europäer, die unter den Wirkungen des bürokratischen Dauerausstoßes aus Brüssel zu leben haben. Betroffen sind von der Flutung Europas mit Richtlinien, Verordnungen und Durchführungsbestimmungen 500 Millionen Menschen – betroffen in ihrer persönlichen Freiheit.

Überflutung aus Brüssel:
Wie die Freiheit erstickt wird

Die Europäische Union könne sich, schreibt Hans Magnus Enzensberger, einer Herrschaftsform rühmen, für die es kein historisches Vorbild gebe: „Ihre Originalität besteht darin, dass sie gewaltlos vorgeht. Sie bewegt sich auf leisen Sohlen. Sie gibt sich erbarmungslos menschenfreundlich. Sie will nur unser Bestes. Wie ein gütiger Vormund ist sie besorgt um unsere Gesundheit, unsere Umgangsformen und unsere Moral. Auf keinen Fall rechnet sie damit, dass wir selber wissen, was gut für uns ist; dazu sind wir in ihren Augen zu hilflos und unmündig. Deshalb müssen wir gründlich betreut und umerzogen werde. Die Union sieht ihre Aufgabe nicht darin, ihre Bürger zu unterdrücken, sondern darin, alle Lebensverhältnisse auf dem Kontinent möglichst lautlos zu homogenisieren. Hier wird nicht an einem neuen Völkergefängnis gebaut, sondern an einer Besserungsanstalt, der die gütige, aber strenge Aufsicht über ihre Schutzbefohlenen obliegt. Im Idealfall soll das Leben ihrer Zöglinge von einer paragraphenreichen Hausordnung, die von der Festlegung des Wohngeldes bis zum gesunden Speiseplan reicht, zentral geregelt und normiert werden. Allerdings ist die Umerziehung von 500 Millionen Menschen eine herkulische Aufgabe, an der schon ganz andere Regimes sich verhoben haben. Man darf bezweifeln, dass unsere Vormünder ihr gewachsen sind."

So verbindet Enzensbergers Streitschrift „Sanftes Monster Brüssel oder Die Entmündigung Europas" Hoffnungslosigkeit mit Hoffnung. Hoffnungslosigkeit mit Blick auf die derzeitige Lawine an Gleichmacherei, die Europa erdrückt und ihm als Kontinent der Freiheit die Luft zum Atmen nimmt, Hoffnung dahingehend, dass sich die Völker und Menschen Europas auf Dauer eine solche Entwicklung nicht gefallen lassen werden. Auch Enzensberger ist trotz seiner düsteren Analyse Brüsseler Macht und Übermacht nicht pessimistisch: „Europa hat schon ganz andere Versuche überstanden, den Kontinent zu uniformieren. Allen gemeinsam war die Hybris, und keinem von ihnen war ein dauerhafter Erfolg beschieden. Auch der gewaltlosen Version eines solchen Projekts kann man keine günstige Prognose stellen. Allen Imperien der Geschichte blühte nur eine begrenzte Halbwertszeit, bis sie an ihrer Überdehnung und an ihren inneren Widersprüchen gescheitert sind."

Die Art und Weise, wie von den europäischen Zentralen aus – neben Brüssel dürfen auch Straßburg und Luxemburg nicht vergessen werden – die systematische und konsequente Einebnung Europas erfolgt, ist in dürren Paragraphen niedergelegt. Was harmlos und nach verstaubter Amtsstube klingt, erweist sich in seiner Gesamtheit als dichtes Netz europäischer Einebnung, dem sich zu entziehen nicht mehr möglich ist. Begehrt ein Betroffener auf und sucht Hilfe beim Europäischen Gerichtshof, trifft er auf eine Adresse, die schon von ihrem Wesen und ihrer Struktur her zu europäischer Einseitigkeit neigt. Roman Herzog, ehemaliger Verfassungsrichter und ehemaliger Präsident der Bundesrepublik Deutschland, sagt hierzu das Notwendige: „Es kracht gewaltig im Gebälk der europäischen Rechtssprechung. Ursache ist der Europäische Gerichtshof, der mit immer erstaunlicheren Begründungen den Mitgliedstaaten ureigene Kompetenzen entzieht und in ihre Rechtsordnung eingreift. Inzwischen hat er einen Großteil des Vertrauens verspielt, das ihm einst entgegengebracht wurde." Im Strom der eurozentristischen Gleichmacher schwimmend, folgt auch der Gerichtshof dem Grundsatz, dass mehr Macht nur gut ist, wenn sie nach Europa wandert. Von daher gesehen ist es verständlich, dass jede Beschäftigung des deutschen Bundesverfassungsgerichtes ein Ärgernis für Europas oberste Gerichtsherren darstellt.

Im Artikel 288 des EU-Vertrages sind die Rechtsakte aufgezählt, mit deren Hilfe ein blühendes und vielfältiges Europa über einen Einheitsleisten geschlagen werden soll. Aus gutem Grund ist wegen der Zahl der Maßnahmen, um die es hier geht, die Überschrift „Katalog" gewählt. Für die Ausübung der Zuständigkeiten der Union stehen den Organen, so heißt es zu Beginn des überreichen Paragraphenwerks, „Richtlinien, Beschlüsse, Empfehlungen und Stellungnahmen" zur Verfügung. Damit das ausgeworfene Netz noch dichter wird, wird zwischen Gesetzgebungsakten, Durchführungsrichtlinien der Kommission und delegierten Richtlinien unterschieden. Unter dem Begriff des EU-Gesetzes- und Regelwerkes ist mittlerweile alles zusammengefasst, was sich seit Gründung der Europäischen Wirtschaftsgemeinschaft (EWG) und deren Weiterentwicklung zur Europäischen Gemeinschaft (EG) an Vorschriften angesammelt hat. Außer den Spezialisten, die mit diesem Knoten europäischer Rechte und Zuständigkeiten zu tun haben, vermag ihn kaum noch jemand zu lösen. Generell gilt: Wo und wenn jemand glaubt, dass es für diese oder jene Sache noch keine europäische Regelung gibt, so irrt er.

In ihrer Auswirkung sind die einzelnen rechtlichen Aktivitäten verschieden. Richtlinien kommen in der Regel dadurch zustande, dass sie auf Vorschlag der

Kommission vom Rat der Europäischen Union und dem Europäischen Parlament nach dem ordentlichen Gesetzgebungsverfahren erlassen werden. Sie sind für den Mitgliedstaat, an den sie gerichtet werden, hinsichtlich des zu erreichenden Zieles verbindlich, überlassen jedoch den innerstaatlichen Stellen die Wahl der Form und der Mittel. Die Mitgliedstaaten haben somit ein eigenständiges Wahlrecht bezüglich der von der EU geforderten Ziele. An diesem Punkt hält sich in Deutschland hartnäckig – wohl nicht zu Unrecht – die weitverbreitete Meinung, dass der deutsche Gesetzgeber und die deutsche Bürokratie bei der Umsetzung solcher Richtlinien deutlich perfekter und stringenter seien als dies beispielsweise in manchen mediterranen Ländern der Fall sei.

Im Unterschied zu einer Richtlinie gibt es bei einer aus Brüssel kommenden Verordnung für die einzelnen Länder keinen Spielraum. Weil bei der Durchsetzung einer EU-Regelung aber offensichtlich immer Gefahr im Verzug ist, gilt eine Richtlinie in einem Mitgliedstaat dem Sinne nach auch dann schon, wenn sie noch nicht in dessen Recht umgesetzt ist. Für diesen Fall ist „europarechtskonforme Auslegung" gefordert, um Kollisionen zwischen europarechtlichen Vorgaben und innerstaatlichem Recht zu vermeiden. Es soll also keinen Moment ein aus Brüsseler Sicht herrschaftsfreier Raum entstehen. Verordnungen sind in allen Teilen verbindlich und gelten unmittelbar in jedem Mitgliedstaat, sie müssen nicht erst in nationales Recht umgesetzt werden. Die „Durchgriffswirkung" – welch ein schönes Wort für den allgemeinen Brüsseler Machtanspruch! – funktioniert so, dass bei einer Verordnung Europa immer Vorrang hat.

Die Art und die Zahl der Richtlinien und Verordnungen, die das Leben der einzelnen Menschen und das Handeln der Wirtschaft in den Ländern der Europäischen Union bestimmen, ist unüberschaubar. Bei einigem Blättern in den entsprechenden Listen drängt sich der Eindruck auf, dass es nichts gibt, worum sich Europa nicht als Gesetz- und Vorschriftengeber kümmert. Die oft zu hörende Schätzung, wonach bereits 80 Prozent der in Europa geltenden Gesetze und Regelungen das Herkunftszeichen Brüssel tragen müssten, kommt dem Leser der Richtlinien- und Verordnungskonvolute eher noch gering vor. Nur Beispiele – und es handelt sich dabei um die bekannteren – vermögen Zahl und Thematik des Brüsseler Richtlinien-Gigantismus einigermaßen sichtbar zu machen. Unter der Rubrik „Rahmenrichtlinien" finden sich etwa eine Richtlinie zu Arbeitsplatz-Richtgrenzwerten, eine Energiesteuer-Richtlinie zur Restrukturierung der gemeinschaftlichen Rahmenvorschriften, eine Richtlinie zur Besteuerung von Energieerzeugnissen und elektrischem Strom, eine Schadstoff-Richtlinie über Grenzwerte für Schwefeldioxid, Stickstoffdioxid und Stickstoffoxide, Partikel und Blei in der Luft, eine Maschinen-Richtlinie, eine Mehrwertsteuersystem-Richtlinie, eine Umgehungslärm-Richtlinie, eine Produktsicherheits-Richtlinie, eine Produkthaftungs-Richtlinie, eine Wasserrahmen-Richtlinie.

Unter „spezifischen Richtlinien" sind ebenfalls bemerkenswerte Regelungen aufgezählt: Richtlinie zu Batterien und Akkumulatoren sowie Altbatterien und Altakummulatoren, eine Richtlinie zu aktiven implantierbaren medizinischen Geräten, eine Richtlinie über bestimmte Aspekte der Arbeitsplatzgestaltung, beruhend auf vorangegangenen Richtlinien, eine Aufzugs-Richtlinie, eine Badegewässer-Richtlinie, eine Richtlinie für einfache Druckbehälter, eine Richtlinie für Elektrobadeöfen-Energieetikettierung, eine Richtlinie für Explosivstoffe für zivile Zwecke, eine Fernabsatz-Richtlinie, eine Richtlinie für Gasverbrauchseinrichtungen, eine Kosmetik-Richtlinie, eine Richtlinie zu umweltbelastenden Geräuschemissionen von zur Verwendung im Freien vorgesehenen Geräten und Maschinen, eine Richtlinie zum vorderen Unterfahrschutz von Kraftfahrzeugen, eine Richtlinie zu mit flüssigen oder gasförmigen Brennstoffen beschickten neuen Warmwasserheizkesseln, eine Seilbahnen-Richtlinie, eine Niederspannungs-Richtlinie betreffend elektrische Betriebsmittel zur Verwendungen von Spannungen zwischen 50 und 1000 Volt, eine Richtlinie zur Interoperabilität des konventionellen transeuropäischen Eisenbahnsystems, eine Richtlinie zur Interoperabilität des transeuropäischen Hochgeschwindigkeitsbahnsystems, Richtlinien für Materialien und Gegenstände aus Kunststoff, die dazu bestimmt sind, mit Lebensmitteln in Verbindung zu kommen, eine Richtlinie für persönliche Schutzausrüstungen, eine Richtlinie über Mindestvorschriften zur Verbesserung des Gesundheitsschutzes und der Sicherheit der Arbeitnehmer, die durch explosionsfähige Atmosphären gefährdet werden können.

Die Verordnungen der Europäischen Union bleiben in ihrer allumfassenden thematischen Bandbreite hinter den Richtlinien nicht zurück: Neben der Abfallverbringungs-Verordnung findet sich in dieser Abteilung auch die zu sagenhaftem Ruhm gekommene Gurkenverordnung mit der Nr. 1677/88, die inzwischen aufgehoben wurde, eine Verordnung zu kombinierter Nomenklatur, die Bananen-Verordnung, die Verordnung über die ökologisch-biologische Produktion und die Kennzeichnung von ökologisch-biologischen Erzeugnissen, die Verordnung über bestimmte florierte Treibhausgase, die

Verordnung über Rückstandshöchstmengen pharmakologisch wirksamer Stoffe in Lebensmitteln tierischen Ursprungs, Verordnung zur EU-Holzhandelsverordnung usw. usw.

Selbst wenn alle diese gesetzlichen Regelungen und noch viele Hunderte darüber hinaus sinnvoll und zweckmäßig oder gar, was man sich längst nicht in allen Fällen vorzustellen vermag, unabweisbar wären, bleibt die entscheidende Frage unbeantwortet: Warum müssen alle diese Themen und Bereiche europaweit einheitlich geregelt werden? Die zweite Frage, die sich nicht weniger dringend stellt: Was verbleibt noch an Zuständigkeiten den nationalen Parlamenten, beispielsweise dem Deutschen Bundestag und der Bundesregierung? Was noch den Regionen Europas, in Deutschland den Ländern, verbleibt, wagt man gar nicht zu fragen.

Zu fragen aber ist nach den Erschwerungen und Belastungen, denen sich europäische Unternehmen, ob große Konzerne oder mittlere und kleine Betriebe, durch Brüsseler Richtlinien- und Verordnungswahn ausgesetzt sehen. Dabei handelt es sich nicht nur um europäische Eingriffe, die lästig sind, sondern auch in der Summe um solche, die Milliarden Euro kosten. Während Konzerne und Großunternehmen dank einer ausreichenden und professionellen Personalausstattung mit den von Europa verursachten Sonderlasten noch eher fertig werden, haben Mittel- und Kleinbetriebe darunter erheblich zu leiden. Dabei spielt gerade diese Gruppe von Unternehmen und Unternehmern eine Schlüsselrolle für die Leistungsfähigkeit und für das Wachstum der europäischen Wirtschaft. 23 Millionen kleine und mittlere Unternehmen beschäftigen zwei Drittel aller Arbeitnehmer in der europäischen Privatwirtschaft, sind besonders innovationsstark und schaffen 85 Prozent aller neuen Arbeitsplätze in Europa.

In der Absicht, der gerade aus diesem Wirtschaftsbereich sich mehrenden Kritik entgegenzutreten, hat sich die Kommission unter ihrem Präsidenten daran gemacht, die durch sie der Wirtschaft verursachten „Regulierungslasten" zu überprüfen und durch eine Durchforstung des Vorschriftenwaldes zu verringern. Eine breit angelegte Befragung der mittleren und kleinen Unternehmen ergab zehn Punkte, in denen Europa besondere Zusatzlasten verursacht. Am häufigsten wurden die Bereiche Umgang mit Chemikalien, Mehrwertsteuer, Produktsicherheit, Anerkennung von Berufsqualifikationen, Datenschutz, Abfallbeseitigung, Arbeitsmarkt, Kontrollgeräte im Straßenverkehr, öffentliches Auftragswesen und Zollkodex genannt. Zum Abbau des Beschwerdeberges und zur Stärkung der europäischen Wirtschaft rief die Kommission das regulatorische Eignungs- und Leistungsprogramm (Regulatory Fitness and Performance Program – REFIT) ins Leben. Europäische Politikgestaltung soll nun unter der Annahme geschehen, dass Kleinstunternehmen vom Geltungsbereich neuer und geänderter Rechtsvorschriften ausgenommen sind, sofern kein nachweisbarer Bedarf besteht, dass sie von ihnen abgedeckt werden müssen.

Offensichtlich spürt man in Brüssel dank eines kräftigen Meinungsgegenwindes aus den Mitgliedstaaten, dass auf dem Felde des demokratischen Lastenabbaus endlich zu ackern begonnen werden muss. Schon im Juni 2013, also mit für Brüsseler Verhältnisse geradezu atemberaubender Geschwindigkeit, präsentierte die Kommission Schlussfolgerungen, die aus den zehn Hauptbeschwerdepunkten der sich beklagenden Klein- und Mittelunternehmen zu ziehen seien. Jeden der Bereiche, zu denen die Unternehmen die schwersten Bedenken geäußert hatten, hat die Kommission selbst aufgegriffen oder dem Europäischen Rat und dem Europäischen Parlament Vorschläge unterbreitet, um die Verwaltungslasten der betroffenen Unternehmen zu senken. So hat die Kommission eine Neuregelung des öffentlichen Auftragswesens auf den Weg gebracht, um den Zugang der kleinen und mittleren Unternehmen zu diesem wichtigen Auftragsbereich zu erleichtern. Die Richtlinie über die allgemeine Produktsicherheit wird durch eine Verordnung über die Sicherheit von Verbraucherprodukten mit einem einfacheren Katalog einheitlicher Anforderungen ersetzt.

José Manuel Barroso kann sich deshalb über erste Erfolge beim Abbau des Brüsseler Regulierungsberges freuen, weil er bei der Auswahl der dazu nötigen Helfer von außerhalb der Kommission eine glückliche Hand hatte. Im Jahre 2007 war von Barroso eine „Hochrangige Gruppe unabhängiger Interessenträger im Bereich Verwaltungslasten" – eine sogenannte High Level Group – berufen worden. Die 14 Mitglieder aus mehreren Staaten der Gemeinschaft decken dabei ein breites Spektrum von Fachleuten aus Wirtschaft, Wissenschaft und Politik ab. Zum Vorsitzenden der Arbeitsgruppe wurde der ehemalige bayerische Ministerpräsident Edmund Stoiber berufen.

Wer Stoiber kennt, ob aus seiner Zeit als Generalsekretär oder Vorsitzender der CSU, ob als Minister oder Ministerpräsident des Freistaates Bayern, der konnte wissen, dass er sich seiner neuen Aufgabe mit der Leidenschaft und dem Arbeitseifer widmen würde, die er bei jeder seiner politischen Aufgaben an den Tag gelegt hatte. Schon unter den Kommissaren sorgte Stoiber für heilsame Unruhe, schreckte sie mit bohrenden Fragen auf und informierte sich in den vom Brüsseler Würgegriff betroffenen Unternehmen über Belastungen und Auswege. Dieser Einsatz wird bis Oktober 2014, so lange dauert das Beratungsmandat Stoibers und seiner Mitstreiter, mit gewohnter Intensität fortgesetzt. „Nicht alles, was geregelt werden kann, muss auch geregelt werden. Wir brauchen nicht immer einer Dreifach-Sicherung" – mit diese Parole ist Stoiber, der Föderalist aus Bayern, in den Kampf gezogen und hat damit Kommissaren wie Spitzenbeamten neues Grundsatzdenken gepredigt.

Was bisher erreicht wurde, kann sich sehen lassen. Verständlich, dass sich Präsident Barroso gerne mit den Früchten der Kampfgruppe Stoiber schmückt. In den ersten zwei Jahren ihrer Tätigkeit hat die „High Level Group" über 300 Vorschläge zum Bürokratieabbau in Europa gemacht, Rat und Parlament haben bereits Maßnahmen umgesetzt, mit denen die betroffenen 23 Millionen Unternehmen um insgesamt 32,4 Milliarden Euro entlastet werden. In der zweiten Arbeitsperiode war Stoibers Augenmerk erstmals auf die Umsetzung des bestehenden Rechts in den Mitgliedstaaten gerichtet, ein Umsetzungsbericht mit Verbesserungsvorschlägen wurde erarbeitet. Ein Zuviel an Bürokratie ist zwar ein überragendes europäisches Thema, aber es ist auch ein Thema der Nationalstaaten. Immerhin haben nicht weniger als ein Drittel der von Europa ausgelösten Bürokratiekosten ihre Ursache in der ineffizienten Arbeitsweise auf nationaler Ebene. Die dritte und letzte Phase seines Anti-Bürokratie-Kampfes will Stoiber weiter der Entlastung kleiner und mittlerer Unternehmen widmen. Außerdem steigt die Arbeitsgruppe zum ersten Mal in eine Prüfung dahingehend ein, wie effizient die Verwaltungen in den Mitgliedstaaten arbeiten und wie die inzwischen von Europa aus erfolgten

Abbaumaßnahmen auf nationaler Ebene verwirklicht werden. Stoiber sieht in diesem Stück Kontrolle eine Art „PISA" für die europäischen Verwaltungen.

Edmund Stoiber, in allen Ländern der Europäischen Union mit seinem Bürokratie-Thema unterwegs, zitiert gerne einen Satz des Regisseurs Wim Wenders: „Aus der Idee Europa wurde die Verwaltung – jetzt halten die Menschen die Verwaltung für die Idee." Laut „Eurobarometer", einer regelmäßigen Umfrage im Auftrag der Kommission, verbinden 43 Prozent der befragten Deutschen mit der EU vor allem Bürokratie, über 70 Prozent sehen zu viel Bürokratie. Werte, die seit 2010 weiter gestiegen sind! Wenn im Rahmen des Binnenmarktes die europäischen Regelungen gerade auch im Bereich des Umwelt-, Gesundheits- und Lebensmittelrechtes unterschiedliche Vorschriften in 28 Mitgliedstaaten ersetzen, stellt sich die Frage, ob dies in dieser Rigorosität unbedingt so sein muss. Auch Stoiber rügt, dass die Binnenmarkt-Klausel zur Angleichung der Rechts- und Verwaltungsvorschriften der Mitgliedstaaten von der Kommission immer noch zu extensiv ausgelegt werde, um immer mehr Lebensbereiche immer detaillierter und damit auch bürokratischer zu regeln.

Aber auch das Verhalten von Bürgerinnen und Bürgern sowie von Unternehmen ist widersprüchlich. Die gleichen Menschen, die über zu viel europäische Bürokratie schimpfen, fordern auf der anderen Seite, beispielsweise im Verbraucherschutz und bei der Lebensmittelsicherheit, immer neue Regelungen. Dann ist nicht mehr der „mündige Bürger" das Leitbild, sondern der vor sich selbst zu schützende Bürger. Die große Frage bei Betrachtung und Bewertung des Themas Bürokratie verortet Edmund Stoiber nach Jahren konkreter europäischer Erfahrung im Spannungsfeld zwischen Freiheit und Sicherheit, das besser austariert werden müsse: „Dafür brauchen wir ein neues Denken in Europa, dafür brauchen wir auch ein Stück Mut zur Lücke."

Beim Kampf gegen die Bürokratie können die Kommission und Barroso nicht nur auf eine beachtliche Gesamtsumme an Einsparungen für die betroffene Wirtschaft verweisen, die konkreten Erfolge können auch exemplarisch beschrieben werden. Der größte Betrag konnte bei der elektronischen Rechnungsstellung für die Mehrwertsteuer auf der positiven Seite verbucht werden. Seit 1. Januar 2013 sind Bestimmungen in Kraft, mit denen die Hindernisse für eine elektronische Rechnungsstellung beseitigt werden. Wenn alle Unternehmen fortan nur noch elektronische Rechnungen verschicken, könnten mittelfristig bis zu 18 Milliarden Euro eingespart werden. Eine einschneidende Vereinfachung konnte bei der Rechnungslegung für mehr als 5 Millionen Kleinstunternehmen – Betriebe mit höchstens 10 Beschäftigten – erreicht werden. Im Rahmen der jüngsten hier im Juni 2013 angenommenen Maßnahmen wird es zu weiteren Vereinfachungen mit einem Einsparvolumen von 1,5 Milliarden Euro kommen. Auch bei der Lebensmitteletikettierung wurde massiv und kostensparend eingegriffen. Bislang brauchten Obst- und Gemüseerzeuger in der Regel 2 Stunden für die Auszeichnung und Bewertung von 1 Tonne ihres Produkts. 26 Vermarktungsnormen, die rund 25 Prozent des Handelswertes für frisches Obst und Gemüse ausmachen, sind weggefallen. Auf den Erzeugnissen sind nur noch der Herkunftsort und nicht mehr die Kategorie, Größe oder Sorte anzugeben. Mit dieser Maßnahme können jährlich knapp 1 Milliarde Euro eingespart werden. Auch bei der Mehrwertsteuererstattung wurde der bei Grenzüberschreitungen anfallende Formularstoß reduziert. Kosteneinsparung: Rund eine halbe Milliarde Euro.

In einer Zeitspanne von bald einem halben Jahrhundert seit den ersten europäischen Gründungsverträgen, die mit dem feierlich geschlossenen EWG-Vertrag von 1957 ihren vorläufigen Höhepunkt fanden, festigt und vermehrt sich der bürokratische Zwang und der damit für die Menschen und Staaten in Europa verbundene Aufwand. Die Altlasten an Bürokratie wiegen schwer. Aus seinen konkreten Erfahrungen heraus weiß Edmund Stoiber, dass der Abbau „alter Bürokratie" wichtig ist, dass aber Erfolge an dieser Front keineswegs den Aufbau neuer Bürokratie verhindern. Deshalb: „Europa wird nur dann unbürokratischer, wenn es zu einem Mentalitätswechsel kommt." Im Zuge seiner erfolgreichen Arbeit stellt der ehemalige Regierungschef des Freistaates Bayern immerhin erste Anzeichen eines Umdenkens fest. Heute werde mehr als gestern über die Folgen einer Brüsseler Regelung nachgedacht. Daran hat es bisher auch deshalb gefehlt, weil die Kommission ja selbst die von ihr maßgeblich bestimmten europäischen Regelungen nicht zu vollziehen hat, also mit den Schwierigkeiten des Vollzugs weitab von den europäischen Höhen nicht konfrontiert ist.

Ein gewichtiges Hindernis für den überfälligen und notwendigen Bürokratieabbau, in den notwendigen Dimensionen und dazu noch in möglichst kurzen Zeiträumen, erkennt Stoiber in den unendlich langen Entscheidungszeiten. Schnell gehe es nur bei den Not- und Krisengipfeln zur Eurorettung, sonst ließen sich Kommission, Europäischer Rat und Europäische Kommission alle Zeit der Welt. Was macht schon ein Jahr in der Menschheitsgeschichte, scheint man sich in Brüssel zu fragen. Aber: „Es macht keinen guten Eindruck, wenn Bürger, Verbände oder Unternehmen nicht wochenlang, nicht monatelang, sondern oft jahrelang vertröstet werden. Im Durchschnitt vergehen bis zur Änderung einer Regelung und deren Umsetzung in den Mitgliedstaaten sechs bis sieben Jahre. Bis dahin sind diejenigen, die darauf warten, längst verzweifelt. Wenn die Europäische Union etwas für ein besseres Image tun will, müssen ihre Entscheidungswege deutlich schneller werden."

Vielleicht geht es auf den Einfluss aus Bayern und eines Bayern zurück, dass Kommissionspräsident José Manuel Barroso Signale dahingehend aussendet, dass man sich in seiner Behörde der Notwendigkeit der Zurückführung einer die Bürger bis zur Atemnot erstickenden europäischen Überbürokratisierung bewusst zu werden beginnt. Nimmt man aber die Widerstände, die es gegen solche Schritte nach wie vor bei den meisten Kommissaren gibt, regiert hier mehr das Prinzip Hoffnung denn die Realität. Manche, und nicht nur seltene Töne, die aus dem Brüsseler Hauptquartier der Europäischen Union kommen, sind von Barrosos neuer Partitur noch ganz weit entfernt. Vieles klingt eher machtversessen, demokratiefern und autoritär. Wie beim Beispiel der Durchsetzung eines Rauchverbotes und der Bekämpfung der Raucher. „Die Durchsetzungsmaßnahmen direkt nach Inkrafttreten der Rechtsvorschriften sind entscheidend für deren Erfolg und für den Erfolg der zukünftigen Überwachung und Durchsetzung. Sobald die aktive Durchsetzung beginnt, wird empfohlen, eine aufsehenerregende Strafverfolgung zu betreiben, um die abschreckende Wirkung zu verstärken", hieß es drohend und einschüchternd in einer längeren Empfehlung des Rates. Auch die Kommission war für drakonische Maßnahmen, weil sich „freiwillige Regelungen auf nationaler Ebene als unwirksam erwiesen haben".

Die totale bürokratische Abrüstung in Brüssel wird erst dann beginnen oder gar vollendet sein, wenn Selbstverständliches selbstverständlich geworden ist, wenn der im Vertragswerk festgelegte Grundsatz „Die Ziele der Union werden unter Beachtung des Subsidiaritätsprinzips verwirklicht" in die Tat umgesetzt worden ist. „Die EU darf nur dann aktiv werden, wenn ein Problem sachgerecht nicht auf nationaler, sondern nur auf europäischer Ebene gelöst werden kann", erinnert Roman Herzog an die ernsthaft von niemandem bestrittene Ausgangslage; aber „im Bewusstsein der Brüsseler Politiker, Beamten und Verbandsvertreter spielt es kaum eine Rolle". Wenn sich das nicht ändert, wird das Bürokratieproblem bleiben und weiter wachsen.

Amerikanische Datendiktatur: Wie die Europäische Union ihre Bürger im Stich lässt

Auch wenn Europa, oft der alte Kontinent genannt, mit seiner stagnierenden und bald schrumpfenden Bevölkerung diese Bezeichnung im wörtlichen Sinne verdient, bleibt die Europäische Union eine der drei wichtigsten Regionen der Weltwirtschaft. Mit über 500 Millionen leben hier sehr viel mehr Menschen als in den Vereinigten Staaten von Amerika mit 314 Millionen Einwohnern. Sie erwirtschaften ein Bruttosozialprodukt von etwa 17 Billionen Euro, welches, je nach Wechselkurs des US-Dollars, mindestens genau so groß ist wie das der USA und immer noch drei Mal größer als das chinesische. Der EU-Binnenmarkt ist und bleibt noch geraume Zeit der am Bruttosozialprodukt gemessen größte gemeinsame Markt der Welt. Wer auf den Weltmärkten in einer globalisierten Wirtschaft Gewicht haben will, kommt an Europa nicht vorbei. Zwar beträgt der Anteil der EU an der Weltbevölkerung lediglich 7 Prozent. Auf den Handel zwischen der EU und der restlichen Welt entfallen aber rund 20 Prozent der weltweiten Ein- und Ausfuhren.

Aus dieser wirtschaftlichen Kraft sollte sich auch die politische Stärke ergeben, dass die Europäische Union zumindest auf dem eigenen Territorium ihr Recht durchsetzt, von der Praxis der USA, das eigene Recht auf andere Länder zu erstrecken, ganz abgesehen. Doch weit gefehlt. Die EU macht sich zum Büttel der USA, wenn es um die Verletzung der Datenschutzrechte der Unionsbürger geht. Gerade auf einem Feld, auf dem die Frage von Wohlstand, von politischer und sozialer Sicherheit in der Zukunft vor allem entschieden wird, nämlich bei den Informations- und Kommunikationstechnologien (ITK), findet sich die EU mit ihrer Drittklassigkeit ab.

Nach Zahlen des Branchenverbandes Bitkom lag im Jahr 2013 der Umsatz mit Produkten und Dienstleistungen der Informationstechnologie und Telekommunikation weltweit auf dem Rekordwert von 2,83 Billionen Euro. Die USA hatten mit 27,1 Prozent daran weiterhin den größten Anteil. Die EU erreichte 21,3 Prozent. Die BRIC-Staaten lagen mit 18,7 Prozent knapp dahinter – Brasilien kam auf 4,4 Prozent, Russland auf 2 Prozent, Indien auf 2,2 Prozent und China auf 8,7 Prozent.

Das Volumen der regionalen Märkte könnte beeindrucken und mit Blick auf die EU Beruhigung auslösen. Die Augenhöhe mit den USA scheint doch einigermaßen erreicht. Aber: Leider beherrscht die europäische ITK-Industrie ihren eigenen regionalen Markt nur zu einem kleinen Teil. Unter den 300 größten amerikanischen Firmen sind 33 IT-Firmen, die im ersten Halbjahr 2013 einen Umsatz von 323 Milliarden Euro erwirtschafteten. Unter den größten europäischen Firmen waren nur 11 IT-Spezialisten vertreten, die zusammen einen Umsatz von 75 Milliarden Euro erreichten. Nur ein deutsches Unternehmen dieser Branche, SAP, ist weltweit tätig und kann als Global-Player für Unternehmenssoftware auch auf dem amerikanischen Markt mithalten. Die Schwäche der europäischen ITK-Industrie spiegelt sich in der Exportstärke der amerikanischen Oberliga dieser Branche wieder. Bei Apple kommen etwa zwei Drittel der Umsatzerlöse aus dem Ausland, allein in Europa erzielt der Konzern jährlich einen Umsatz von 50

Milliarden Dollar. Auch für Google stellt Europa den größten Auslandsmarkt dar und bei Microsoft bringt das Auslandsgeschäft mehr als 90 Prozent des Vorsteuergewinns ein. Zusätzliches Ärgernis: Wegen des Flickenteppichs in der europäischen Unternehmensbesteuerung, vor allem durch gemeinschaftsschädliche Regelungen in Luxemburg und Irland, können die amerikanischen Branchenriesen ihre in Europa erzielten Renditen weitgehend steuerfrei vereinnahmen und auf diese Weise ihre Marktmacht zu Lasten europäischer Wettbewerber weiter ausbauen.

Der europäische Binnenmarkt ist zwar ein einheitlicher Absatzmarkt, aber kein politisch, rechtlich, sprachlich und kulturell einheitlicher Produktionsstandort, an dem sich die ITK-Industrie mit ihrer Hard- und Software ebenso hätte entwickeln können wie auf dem großen und einheitlichen Produktionsmarkt USA. Soziale Netze wie Facebook und Twitter, systembegründende Softwarewelten wie Windows von Microsoft und das Betriebssystem iOS von Apple gewinnen unter amerikanischen Bedingungen im englischen Sprachraum schneller an Größe und Durchschlagskraft für den Weltmarkt, als dies Gründungen aus dem europäischen Raum tun können. Trotzdem wäre es falsch zu glauben, dass sich aus dieser Situation keine europäische Stärke gewinnen ließe, dass Europa auf diesem Feld immer als ohnmächtiges Objekt amerikanischer Interessen verharren müsste, ohne jemals die Chance zu haben, ein selbstbewusst handelndes Objekt in der transatlantischen Wirtschaftsbeziehung zu sein.

Gerade weil der Markt für Güter und Dienstleistungen in der Informationstechnologie und Telekommunikation der Europäischen Union der zweitgrößte der Welt ist, kann es sich kein großes amerikanisches Unternehmen leisten, auf diesem wichtigen Markt nicht angemessen vertreten zu sein. Im Wettlauf um die Vorherrschaft in den Hightech-Märkten ist zudem die amerikanische Industrie durch leistungsstarke Konkurrenten wie Samsung aus Korea und Lenovo und andere aus China erheblich unter Druck geraten. Vor allem auf dem milliardenschweren Markt des Cloudcomputing ziehen im wahrsten Sinne des Wortes für die US-Industrie dunkle Wolken auf. Seit die Verbraucher in aller Welt durch die im Jahr 2013 erfolgten monatelangen Enthüllungen über die Abhör- und Ausforschungspraxis des amerikanischen Geheimdienstes NSA (National Security Agency) und verwandter staatlicher Einrichtungen erkannt haben, was die Stunde geschlagen hat, droht die Herkunftsbezeichnung „Made in USA" zu einem schweren Makel im internationalen Wettbewerb zu werden.

Welches Unternehmen außerhalb der USA möchte angesichts der bekannt gewordenen Tatsachen seine Daten, in welcher Form auch immer, noch Unternehmen anvertrauen, die amerikanischem Recht unterliegen? Vor diesem Hintergrund wird der europäische ITK-Markt noch bedeutender, denn wenn in Asien der Druck auf die amerikanische Industrie zunimmt, wird der leichter zugängliche europäische Markt umso bedeutsamer. Auch die Situation in den USA verlängert den europäischen Hebel, hat doch der amerikanische Präsident das Ziel ausgegeben, bis 2015 die Exporte aus den USA zu verdoppeln. Wie aber soll das desaströse amerikanische Leistungsbilanzdefizit, das die USA zum größten Schuldner der Welt gemacht hat, begrenzt oder vermindert werden, wenn nicht durch Exporterfolge der starken amerikanischen ITK-Industrie?

Die Europäische Union regelt den Zugang zu ihrem Markt und definiert die Standards, die zum Schutz und Vorteil ihrer Bürger einzuhalten sind. Ihrer Macht aber scheint sich die Kommission vor allem dort bewusst zu sein, wo sie sich einengend und regulierend gegen die eigenen Bürger wendet, nicht aber dort, wo es um die Abwehr existenzbedrohender Angriffe auf die europäische Wirtschaft geht. In welch grober Weise die Europäische Union – und zwar Kommission, Europäischer Rat und Europäisches Parlament in gleicher Weise – die Rechte europäischer Bürger verletzten, indem sie sich in die von den USA erwartete Unterordnung fügen, lässt sich an einigen Beispielen eindrucksvoll zeigen.

Zunächst geht es um einen Tatbestand, der ebenso euphemistisch wie irreführend unter dem Begriff Safe Harbour nach Brüsseler Sprachart verharmlost wird. In der Wirklichkeit nämlich dürfte von einem "sicheren Hafen" in diesem Zusammenhang überhaupt nicht die Rede sein. Zum Schutz der Privatsphäre von natürlichen Personen bei der Verarbeitung von personenbezogenen Daten hat die Europäische Union den Datenschutz durch die 1998 in Kraft getretene Richtlinie 95/46/EG geregelt. Diese seit langem kritisierte Richtlinie soll künftig durch eine Datenschutz-Grundverordnung abgelöst werden. Die Richtlinie definiert Mindeststandards für den Datenschutz, die in allen Mitgliedstaaten der EU durch nationale Gesetze sichergestellt werden müssen und war in der frühen Phase des Internets eine akzeptable Regelung des Datenschutzes. Die Richtlinie verbietet in der Regel die Verarbeitung sensibler personenbezogener Daten. Ausnahmen von diesem Verbot sind im Wesentlichen nur vorgesehen, wenn die betroffene Person ausdrücklich in die Verarbeitung eingewilligt hat. Die Richtlinie verbietet außerdem den Transfer personenbezogener Daten aus der EU in Staaten, die über kein dem EU-Recht vergleichbares Datenschutzniveau verfügen.

Da die USA keine Standards und gesetzliche Regelungen kennen, die jenen der EU entsprechen, hätte es passieren können oder sollen, dass der Datenaustausch zwischen der EU und den USA zunächst einmal zum Erliegen kommt. Diese Situation konnte man auf zwei Wegen entschärfen. So wie Mercedes-Benz in den 1970er Jahren seine Fahrzeuge in den USA nur mit verunstalteten Stoßfängern und Scheinwerfern verkaufen konnte, weil es die Vorschriften dort erforderten, hätte man die Anwendung der Datenschutzrichtlinie kompromisslos auch von amerikanischen Unternehmen wie IBM, Microsoft, Apple, Intel und anderen Vertretern der Branche erzwingen können. Eine andere, eher blamable Möglichkeit wäre gewesen, offen und ausdrücklich Befreiungen für amerikanische Konzerne von der europäischen Datenschutzrichtlinie vorzunehmen.

Die Europäische Union entschied sich für einen dritten Weg: Den Menschen in der EU wurde vorgegaukelt, dass durch eine komplizierte Regelung ihre Rechte auch dann geschützt seien, wenn die Datenübertragung in die USA erlaubt werde. Mit Eifer wurde dieses „Potemkinsche Dorf" von der Kommission errichtet. Ohne jede vertragliche Verpflichtung, jedoch in vorauseilendem Gehorsam, hat die EU-Kommission schon im Jahre 2000 zur Überbrückung der, wie es verharmlosend hieß, beiderseitigen Systemunterschiede beim Datenschutz eine Regelung getroffen, die es Unternehmen in der EU, also auch Tochterunternehmen amerikanischer IT-Konzerne, ermöglichen sollte, personenbezogene Daten legal in die USA zu übermitteln. Zur Verbrämung des skandalösen und in krassem Gegensatz zur Datenschutzrichtlinie der EU stehenden Vorgangs wurde das Ganze mit der Überschrift Safe Harbour versehen und als eine Entscheidung der Kommission im Amtsblatt der Europäischen Gemeinschaften vom 26. Juli 2000 veröffentlicht.

Das insgesamt 41-seitige Dokument ist lesenswert, vor allem aber entlarvend, weil es zeigt, wie die EU-Kommission arbeitet, und ebenso, warum Europa so nicht funktionieren kann. Realsatire scheint durch, wenn der Leser gewahr wird, dass sich die Definition dessen, was in Sachen Datenschutz einen „sicheren Hafen" ausmacht, ausgerechnet in einem Dokument findet, welches als Anhang der Kommissionsentscheidung beigefügt ist und die Überschrift trägt: „Grundsätze des ‚sicheren Hafens' zum Datenschutz – vorgelegt vom amerikanischen Handelsministerium am 21. Juli 2000." Auch die zweite Anlage zur Richtlinie ist bemerkenswert, sie besteht nämlich aus einer „Liste häufig gestellter Fragen", wie man sie normalerweise nur von den Hilfeseiten im Internet kennt. Selbstverständlich stammen auch diese eher bestellten als gestellten Fragen und auch die Antworten darauf aus den Büros des US-Handelsministeriums. Jedenfalls räumt die EU-Kommission auf diesem Wege der amerikanischen Administration rechtsetzende Befugnisse ein. In aller Offenheit wird hier der Bock zum Gärtner gemacht! Man kann sich nur wundern, mit welch peinlicher Leichtfertigkeit eine Gemeinschaft freier und demokratischer Staaten ihre Souveränitätsrechte an der Garderobe einer fremden Macht und, wie wir heute wissen, bei der NSA und der CIA abgibt.

Seither können sich also in den USA tätige Unternehmen selbst zum Safe Harbour für europäische Daten deklarieren, indem sie sich öffentlich verpflichten, die im Anhang des Handelsministeriums genannten Regeln einzuhalten und die dazugehörenden verbindlichen „häufig gestellten Fragen" zu beachten. Sie teilen dies der Federal Trade Commission (FTC) lediglich jährlich mit und werden dann in eine Liste aufgenommen. Falls ein Unternehmen gegen diese Grundsätze verstößt, kann die FTC entsprechende Maßnahmen ergreifen, wie etwa die Datenverarbeitung eines Unternehmens stoppen oder Sanktionen verhängen. Von derartigen Maßnahmen ist aber, nicht überraschend, bisher nichts bekannt geworden. Im Juli 2010 kam vom Datenschutzbeauftragten des Landes Schleswig-Holstein eine interessante Pressemitteilung. Darin wurde über einen Bericht des australischen Datenschutzforschers Chris Conolly informiert, den dieser aus Anlass des zehnjährigen Bestehens der Safe-Harbour-Regelung bei einer Datenschutzkonferenz im englischen Oxford gegeben hatte. Er wusste von erstaunlichen Ergebnissen: „2.170 US-Unternehmen behaupteten, gemäß Safe Harbour privilegiert zu sein, wovon aber 388 beim US-Handelsministerium überhaupt nicht registriert waren. Bei den dort aufgeführten Unternehmen waren 181 Zertifikate wegen Zeitablaufs nicht mehr gültig. Bei Überprüfung allein des siebten Grundsatzes, jenen der ‚Durchsetzung', ergab sich, dass von den 2.170 US-Unternehmen 940 für Betroffene keine Informationen bereitstellen, wie diese ihre Rechte durchsetzen können. Bei 314 weiteren Unternehmen ist ein Verfahren vorgesehen, das für die Betroffenen zwischen 3.000 und 4.000 Dollar kostet. Es ist kein Wunder, dass hier kein einziges Beschwerdeverfahren durchgeführt wurde. Trotz insgesamt über 2.000 Beschwerden jährlich wegen Verletzung der Safe-Harbour-Grundsätze hat die in den USA zuständige Federal Trade Commission nur 7 Unternehmen abgemahnt, weil sie sich zu Unrecht auf Safe Harbour berufen haben."

Im Zusammenhang mit diesem alarmierenden Bericht wies der Datenschutzbeauftragte von Schleswig-Holstein darauf hin, dass schon im Jahre 2008 ähnlich bestürzende Ergebnisse veröffentlicht worden seien, ohne dass von den amerikanischen Verantwortlichen erkennbare Konsequenzen gezogen worden seien. Auch nach entsprechenden Verhandlungen zwischen der EU und den USA im Dezember 2009 sei von den US-Behörden nichts unternommen worden, um den Missbrauch von Safe Harbour zu beenden. Warum auch, möchte man fragen, jede Kontrolle hätte das Geschäftsmodell von Google & Co. nur empfindlich gestört.

Es verwundert also nicht, dass Safe Harbour seither noch größeren Zulauf hat. Mittlerweile haben schon mehr als 3.000 Unternehmen der amerikanischen ITK-Industrie erkannt, dass es sich bei der Safe-Harbour-Regelung der EU-Kommission gewissermaßen um eine kostenlose Lizenz zum Gelddrucken und Geschäftemachen handelt. Sie haben sich deshalb selbst zum sicheren Datenhafen ernannt und in die FTC-Liste eintragen lassen. Google, Facebook, Twitter, Apple, Microsoft und viele andere können nun aus dem sicheren europäischen Hafen völlig gefahrlos und legal die ihnen anvertrauten personenbezogenen Daten wie Ort und Datum der Geburt, Adresse, Kreditkartenangaben, Telefonnummern, Standortdaten oder E-Mail-Adressen von EU-Bürgern und vieles andere mehr in die USA übertragen. Dort werden sie in riesigen Datenzentren nach allen Regeln der Kunst ausgewertet und zu Geld gemacht. In freundlicher Umschreibung wird solches Wirken im Datenberg „data mining" genannt.

Die Europäische Kommission hat mit der Safe-Harbour-Vereinbarung ihre eigene Datenschutzrichtlinie von 1988 de facto selbst ausgehebelt und der amerikanischen ITK-Industrie einen für die europäischen Konkurrenten nur schwer überwindbaren Wettbewerbsvorteil zugeschanzt. An die Mindestanforderungen des Datenschutzes mussten sich fortan nur die europäischen Unternehmen der Branche halten. Deshalb ist es nur konsequent, dass amerikanische Konzerne wie Amazon, Google, Twitter oder Facebook große Teile des europäischen ITK-Marktes in einer manchmal fast monopolistischen Weise beherrschen. Der Vorgang vollzieht sich – das Wort mining sagt alles – unterirdisch, also den Augen der Öffentlichkeit verborgen. Wohl deshalb hielt und hält sich die öffentliche Empörung darüber in Grenzen, dass die EU-Kommission als Helfer der Amerikaner die Bürger der europäischen Union im Kosmos des Datenschutzes praktisch für vogelfrei erklärt.

In Brüssel wie in den Hauptstädten der Gemeinschaft hat sich diese Stimmung des Treibenlassens eines längst unhaltbaren Zustandes erst mit den Enthüllungen von Edward Snowden über das Ausmaß der amerikanischen und britischen Spionage geändert. Bis heute sind die von einem Fachmann – Snowden war selbst Mitarbeiter der National Security Agency (NSA) – gelieferten Dokumente mit den darin enthaltenen Fakten und Bewertungen weder bestritten noch substantiell widerlegt worden. Danach saugen die amerikanischen Geheimdienste rund um die NSA und das Government Communications Headquarters (GCHQ) mit zahllosen Überwachungsprogrammen die Daten aus den weltweiten Kommunikationsnetzen. Über ihre eigenen Aktivitäten hinaus setzen die amerikanischen Dienste, von denen bisher in diesem Bereich 16 aktive gezählt wurden, alle Netzbetreiber und die Anbieter von E-Mail- und sonstigen Mitteilungsdiensten unter Druck, bereits in ihrer Verschlüsselungssoft- und Hardware sogenannte „Backdoors" einzubauen, die anschließend das Auslesen verschlüsselter Informationen ermöglichen sollen. Der von der NSA dabei ausgeübte Zwang geht so weit, dass im Herbst 2013 das amerikanische Unternehmen Lavabit, ein Anbieter verschlüsselter E-Mail-Dienste, seinen Kundenstamm vernichtet und das Unternehmen geschlossen hat, um seine Kunden vor der Ausspähung durch die NSA zu schützen.

Die etwa 16 Geheimdienste der USA arbeiten auf der Grundlage des überstürzt und ohne allzu große rechtliche Rücksichtnahme formulierten „Patriot Act" und einer Vielzahl darauf beruhender und zu einem großen Teil geheimer Vorschriften. Die parlamentarische Kontrolle der Dienste erfolgt in geheimen Gremien und wird von einem geheim tagenden Gericht, United States Foreign Intelligence Surveillance Court (FISC), eher schlecht als recht kontrolliert. Die US-Geheimdienste greifen im technisch größtmöglichen Umfang auf ausländische, aber in erheblichem Umfang auch auf inländische Daten zu. Die davon betroffenen Unternehmen, fast alle Marktführer ihrer Branche, weisen in der Datenschutzerklärung der allgemeinen Geschäftsbedingungen in der Regel darauf hin, dass nur Daten weitergegeben würden, wenn ein Gerichtsbeschluss vorliege. Da aber der Spezialgerichtshof FISC ein geheimes Urteil mit umfassender Würdigung erlassen kann, muss man davon ausgehen, dass wahrscheinlich alle Daten internationaler Nutzer durch die US-Provider an die NSA und verwandte Dienste weitergegeben oder von dort durch die „Backdoors", die US-Hersteller in ihre Hard- und Software einbauen müssen, abgezapft werden. Die betroffenen Unternehmen sind unter Androhung hoher Strafen gezwungen, diesen Sachverhalt geheim zu halten und darüber keinerlei Auskünfte zu erteilen. Der Chef der National Security Agency, General Keith Alexander, hat seine Generalphilosophie zu dieser Praxis mehrmals in Interviews, aber auch in Aussagen vor Gremien des amerikanischen Kongresses mit aller Offenheit umschrieben: „Vergiss die Nadel, sammle den Heuhaufen."

An dieser Stelle kommen wieder die EU-Kommission und ihre Safe-Harbour-Praxis ins Spiel. Da die NSA also zunächst nicht mehr die Nadel im Heuhaufen sucht, sondern weltweit und rund um die Uhr mit ihren unvorstellbar großen Datenspeichern die Heuhaufen insgesamt einsammelt, werden personenbezogene Daten entscheidend wichtig, um diesen unendlichen Datenbestand einzelnen Menschen zuzuordnen. Erst die im Rahmen der Safe-Harbour-Regelung von der Europäischen Union überlassenen Namen, Anschriften, Geburtsdaten, Telefonnummern, Bankverbindungen, Kreditkartennummern, IP-Adressen und ähnliche intimen Fakten ermöglichen die exakte Zuordnung amorpher Daten zu einzelnen Personen und dann ihre gezielte individualisierte Überwachung. Der Schlüssel zum Erfolg dieser perfiden Methoden liegt also, soweit Bürger der Europäischen Union betroffen sind, in europäischen Händen. Der erschreckende Zusammenhang zeigt sich in aller Offenheit: Die EU-Kommission regelt den europäischen ITK-Markt. Dieser Markt wird von den US-Giganten der Branche beherrscht. Diese wiederum sind der NSA ausgeliefert.

Genau an dieser Bruchstelle wird das vor allem wirtschaftlich motivierte „data mining" von Google,

Facebook & Co zum gigantischen Informationssammeln der NSA, denn hier wird unter Mithilfe der EU die Privatsphäre beseitigt, werden milliardenfach die Rechte der EU-Bürger verletzt, die sich eines Computers, eines Mobiltelefons, eines Navigationsgerätes oder dergleichen bedienen. Erst der fast völlig unkontrollierte Zugang zu den persönlichen Daten der Europäer auf den amerikanischen Servern ermöglicht es der NSA und anderen Diensten, jedes Mobiltelefon und jeden Computer nicht nur zu überwachen und alle Daten auszulesen, sondern ihn auch zur Wanze zu machen, die mit ihren Kameras und Mikrophonen in jedes Arbeits-, Wohn- und Schafzimmer einzudringen vermag.

Wer das Handy der Kanzlerin der Bundesrepublik Deutschland und anderer Regierungschefs und Präsidenten abhören kann, weiß auch, mit wem sie wie oft sprechen, was sie sagen, wo sie sich befinden. Wer aber auf diese Weise jedes elektronische Gerät manipulieren kann, der kann auch – eine furchtbare Vorstellung! – jeden gewünschten Inhalt auf diesen Geräten oder in sozialen Netzwerken wie Twitter und Facebook gezielt platzieren. Damit kann jeder Nutzer in beliebiger Weise kompromittiert werden. Der Journalist kann unter solchen Umständen seine Quellen, der Anwalt seine Mandanten, der Parlamentsabgeordnete seine Bürger, der Seelsorger die ihm vertrauenden Gläubigen, der Arzt und Psychologe seine Patienten nicht mehr schützen. Die Privatsphäre wird schutzlos, der persönlichste Lebensbereich öffentlich. Politik, ohne vertraulichen Umgang nicht denkbar, wird unter den bisher gepflegten Bedingungen nicht mehr stattfinden. Und schier unvorstellbar ist der Gedanke, was passieren kann, wenn alle diese legal oder illegal angehäuften Datengebirge krimineller Ausbeutung zum Opfer fallen. Der Fall Snowden demonstriert, wie wenig die NSA in der Lage ist, ihren Datenbestand zuverlässig zu schützen, und wie eine Einzelperson offensichtlich mit einer riesigen Datenbeute den Dienst verlassen kann.

Angesicht dieses bedrückenden Sachverhaltes sollte man meinen, dass Brüssel längst gehandelt und die Safe-Harbour-Praxis eingestellt hätte, um sich endlich des Schutzes ihrer Bürger anzunehmen. Amerikanische ITK-Unternehmen müssten umgehend dem europäischen Datenschutzrecht unterworfen werden, wie es auch für die europäischen Wettbewerber gilt. Die Amerikaner wären dann gezwungen, die personenbezogenen Daten, die sie in der Europäischen Union gewinnen, auch in europäischen Servern zu speichern und unter den Beschränkungen und der Kontrolle des europäischen Rechts zu verarbeiten und zu verwerten. Auf diese Weise würde die EU ihrem Recht zumindest auf eigenem Territorium wieder Geltung verschaffen und die Herrschaft über den Datenschutz wiedergewinnen, statt ihre Bürger der umfassenden digitalen Ausbeutung durch die USA auszuliefern. ITK-Unternehmen sollten gezwungen werden, in ihren allgemeinen Geschäftsbedingungen zu offenbaren, ob und an wen sie Daten weitergeben bzw. ob sie gesetzlich gezwungen sind, das zu tun und ob sie diesbezüglich irgendwelchen strafbewehrten Geheimhaltungsregeln unterliegen. Zuwiderhandlungen sollten mit so hohen Strafen belegt werden, dass in jedem Fall die Geschäftsmodelle der betroffenen Konzerne gefährdet würden. Erste Reaktionen amerikanischer Internetgiganten auf die Enthüllungen von Edward Snowden gegenüber der US-Regierung geben einen Hinweis darauf, dass empfindliche Geldstrafen das einzige sind, was die Unternehmenschefs wirklich fürchten. Bei der Höhe der Strafen könnten sich die Europäer ein Beispiel an den Amerikanern nehmen, zum Beispiel an der Börsenaufsichtsbehörde SEC, die auch vor der Verhängung von Milliarden-Strafzahlungen nicht zurückschreckt.

Brüssel hätte also längst handeln müssen, spätestens seit dem Sommer 2013, als die Informationsquelle Snowden zu sprudeln begann und die amerikanischen Praktiken an eine entsetzte Öffentlichkeit brachte. In Brüssel hielt sich die Aufregung in Grenzen. Justizkommissarin Viviane Reding befand immerhin, dass Safe Harbour „eher ein Schlupfloch denn eine Absicherung unserer Bürger" sei. Außerdem forderte sie, dass Unternehmen, die gegen europäische Datenschutzbestimmungen verstoßen, mit Geldstrafen bis zur Höhe von zwei Prozent des Umsatzes belegt werden. Von der konkreten Umsetzung dieser Forderung hörte man aus Brüssel dann nichts mehr. Auch die Regierung der Bundesrepublik Deutschland ist auf europäischer Ebene nicht mit der überfälligen Forderung aufgefallen, das Safe-Harbour-Abkommen sofort neu zu verhandeln oder umgehend aufzukündigen. Trotzdem ist Bewegung in die Sache gekommen. Der CSU-Europaparlamentarier Manfred Weber will eine grundlegende Neuregelung des Verhältnisses zwischen der EU und den USA im Umgang mit Daten. „Die USA sowie US-Unternehmen müssen sich gegenüber EU-Bürgern und auf dem europäischen Markt endlich an unsere Spielregeln halten", forderte er. Weber, Vizechef der EVP-Fraktion im Europäischen Parlament, sprach sich für ein Ende des Safe-Harbour-Abkommens und für seine sofortige Kündigung aus.

Bei der auf europäischer Seite bisher willig hingenommenen amerikanischen Datendiktatur über die Europäische Union geht es nicht um ärgerliche

Kleinigkeiten, es geht vielmehr um die Frage nach Bestand und Qualität der in Sonntagsreden diesseits und jenseits des Atlantik oft beschworenen Wertegemeinschaft der westlichen Welt. Wenn der amerikanische Partner dieser Gemeinschaft den europäischen Partner beim zentralen Thema Datenschutz hintergeht und wenn dabei die Europäer ihrer Privatsphäre beraubt werden, können die Organe der Europäischen Union nicht länger zu Lasten der Unionsbürger in peinlicher Unterwürfigkeit verharren und bei der bisher in dieser Kernfrage nicht einen Tag länger hinnehmbaren Untätigkeit bleiben.

Safe Harbour ist nur eine, wenn auch die gewaltigste Baustelle in den europäisch-amerikanischen Datenschutzbeziehungen. Von erheblicher Wichtigkeit ist aber auch das, was sich zwischen Europa und den USA unter dem Stichwort SWIFT vollzieht. Der Begriff steht für „Society for Worldwide Interbank Financial Telecommunications". Über diese Gesellschaft wickeln täglich Tausende von Banken weltweit ihren internationalen Zahlungsverkehr ab. Da auch amerikanische Banken an SWIFT beteiligt sind und die amerikanische Zentralbank im Aufsichtsrat der Gesellschaft vertreten ist, hatten US-Geheimdienste Zugriff auf deren Daten. Von 2001 an übermittelte im Gefolge der Terroranschläge vom 11. September 2001 auf New York und Washington die in der Nähe von Brüssel ansässige Genossenschaft der Geldinstitute mit Rechenzentren in Europa und den USA die ihr weltweit überlassenen Kundendaten millionenfach und eigenmächtig an US-Behörden. Grundlage dieses Vorgehens war ein Geheimabkommen zwischen den betroffenen Banken und dem US-Finanzministerium, basierend auf Anordnungen des Präsidenten der Vereinigten Staaten.

Angesichts wachsenden Unbehagens wurde diese illegale Praxis 2010 auf eine vertragliche Basis zwischen Europa und den USA gestellt. Um den unmittelbaren Zugriff der US-Behörden auf Bankdaten im amerikanischen Rechenzentrum von SWIFT zu verhindern, wurde dieses geschlossen und in die zwischen der EU und den USA als neutral geltende Schweiz verlegt, wo es 2013 seinen Betrieb aufnahm. Im sogenannten SWIFT-Abkommen – wörtlich: Abkommen zwischen der Europäischen Union und den Vereinigten Staaten von Amerika über die Verarbeitung von Zahlungsverkehrsdaten und deren Übermittlung für die Zwecke des Programms der USA zum Aufspüren der Finanzierung des Terrorismus –, einem völkerrechtlichen Abkommen zwischen Brüssel und Washington, wird der Zugriff amerikanischer Behörden auf die Daten der SWIFT geregelt.

Vor dem Hintergrund der weltweiten Spionage der NSA und dem Verdacht, dass die Überweisungsdaten von SWIFT für Zwecke der Wirtschaftsspionage missbraucht und nicht zur – auf keinen Fall nur – zur Terrorbekämpfung gebraucht werden, drohte die EU-Kommission im September 2013 mit einer Aussetzung des SWIFT-Abkommens von 2010. Dieses Vorhaben ist jedoch wieder vom Tisch, weil die EU-Kommission inzwischen glaubte, dass die US-Behörden die im Abkommen verankerten Datenschutzbestimmungen einhalten. Die Daten können deshalb weiter nahezu ungehindert durch US-Behörden abgerufen werden. Warum die EU-Kommission amerikanischen Beteuerungen glaubt, dass die europäischen Datenschutzbestimmungen trotz aller inzwischen vorliegenden Informationen über die Praktiken der NSA und anderer amerikanischer Dienste eingehalten werden, bleibt ihr Geheimnis. In Brüssel sollte man wissen, dass

Geheimdienste auch deshalb so heißen, weil sie von ihr begangene Verstöße gegen Recht und Gesetz geheim halten. Man kann – besser gesagt, man muss – davon ausgehen, dass die NSA alle Geschäftspartner europäischer Unternehmen im EU-Ausland und alle Geldtransfers mit diesen kennt. Dieser Datenschatz, den die EU den US-Behörden ohne wirksame Kontrolle der Verwendung zur Ausbeutung überlässt, ist im wahrsten Sinne des Wortes Gold wert. Jeder, dem an der Wettbewerbsfähigkeit der deutschen Wirtschaft, dem Schutz von Geschäftsgeheimnissen und letztlich an der Sicherheit deutscher Arbeitsplätze liegt, müsste beim Nachdenken über diesen Sachverhalt in Panik geraten.

Sollte die EU-Kommission der Ansicht sein, dass sie das derzeitige SWIFT-Abkommen weder kündigen noch umgehend aussetzen kann, gäbe es einen dritten mutigen Weg: Brüssel müsste darauf bestehen, dass die USA den Europäern im absolut gleichen Umfang Banküberweisungsinformationen zur Verfügung stellen. Nur die nach Inhalt und Umfang gesicherte Gegenseitigkeit des Datenaustausches, also das gleichgewichtige Risiko, dass auch amerikanische Bankdaten von den Europäern missbraucht werden könnten, kann die Gefahr eines flächendeckenden Missbrauchs europäischer Bankdaten durch die amerikanischen Dienste verhindern. Bis es soweit kommt, weiß zum Beispiel die NSA und damit aller Wahrscheinlichkeit auch Boeing als einer der größten Auftragnehmer des Pentagon, welche Kunden wann, wie viel Geld und für welche Airbus-Flugzeuge bezahlt haben.

Allerdings: Als leidgeprüfter Europäer weiß man aber, dass die EU mit solchen auf Gegenseitigkeit gelieferten Daten, falls sie Europa je bekommen sollte, mutmaßlich wenig anfangen könnte. In der EU gibt es keine Organisation, die derartige Daten in der gleicher Weise auswerten könnte, wie dies NSA & Co. in den USA tun. Einen bemerkenswerten Punkt in der europäisch-amerikanischen Datendebatte setzte die EU-Kommission in einem kürzlich veröffentlichten Evaluierungsbericht. Darin kommt sie zu dem selbstzufriedenen Ergebnis, dass ein eigenes europäisches System zur polizeilichen Auswertung von Überweisungsdaten derzeit nicht notwendig sei. Die Einrichtung eines solchen Systems wäre sehr teuer und würde außerdem massive Fragen in Bezug auf den Datenschutz aufwerfen. Die daraus zu ziehende Schlussfolgerung ist entlarvend: Offenbar ist die EU-Kommission der Auffassung, dass der Schutz europäischer Daten bei den amerikanischen Behörden in besten Händen ist. Solche Einschätzung bewegt sich in der Nähe eines Offenbarungseides.

Mit dem von der Europäischen Union den USA gewährten gründlichen Einblick in digitale Datenflüsse und in Banküberweisungen ist es nicht getan. Auch bei der Zulieferung von Fluggastdaten bewährt sich die EU-Kommission als beflissener Helfer der Amerikaner. Auch hier wird unter dem Vorwand der Terrorbekämpfung dem Missbrauch personenbezogener Daten europäischer Bürger durch US-Geheimdienste Tür und Tor geöffnet. Am 1. Juni 2012 trat dann ein zwischen der EU und den USA geschlossenes umfangreiches Abkommen über die Verwendung von Fluggastdaten und deren Übermittlung an das United States Department of Homeland Security in Kraft. Wieder einmal handelt es sich dabei um einen Akt einseitiger Pflichtenverteilung und damit beflissener Zurückstellung europäischer Gleichberechtigung hinter amerikanische Wünsche. Das Abkommen gilt, man glaubt es kaum, nur für Flugreisende, die aus Europa in die USA reisen, in den USA zwischenlanden oder die Vereinigten Staaten nur überfliegen, selbstverständlich aber nicht für Reisende aus den USA in die Länder der Europäischen Union.

Die an die amerikanischen Behörden übermittelten Fluggastdatensätze – Passenger Name Record (PNR) – könnten perfekter nicht sein und umfassen 60 bis 70 Angaben aus 19 Datenkategorien. Sie enthalten weitgehende Informationen über die Reisenden wie etwa Name, Wohnadresse, Telefonnummer, E-Mail-Adresse, verfügbare Zieladressen und Ziel-Telefonnummern, Zahlungsmodus und Kreditkarteninformationen, die Namen eventueller Mitreisender, Flugzeiten, Buchungsklasse, verfügbare Bonus- und Vielfliegerdaten, eventuelle Sitzplatzpräferenzen, spezielle Serviceanforderungen zum Beispiel bezüglich des gewünschten Essens, Name der Buchungsagentur und des Reisebüros, Sachbearbeiter der Buchung, Informationen zum Gepäck oder Hotel- und Mietwagenbuchungen. Das Auskunftsersuchen reicht bis zu Fragen, ob ein Doppelbett oder getrennte Betten im Doppelzimmer bestellt wurden, über Beziehungen zu Mitreisenden und deren Anzahl oder über den Auftraggeber der Buchung. Darüber hinaus finden sich in der Datenkategorie „Allgemeine Eintragungen" noch verschiedene Angaben, die beim Check-in und vom Personal beim Zoll und bei der Fluglinie gemacht wurden. Ein konfiszierter Apfel, eine im Handgepäck vergessene Nagelschere, eine Unmutsäußerung beim Einchecken und sonstige kleinliche Alltäglichkeiten, aus denen sich Verdachtsmomente konstruieren lassen.

Diese Datensammlung soll der Verhütung, Aufdeckung und Verfolgung terroristischer Handlungen dienen und findet auch bei „sonstigen Straftaten, die mit einer Freiheitsstrafe von drei oder mehr Jahren geahndet werden können" Verwendung. Hierbei wird der in den USA übliche Strafrahmen zu Grunde gelegt, der teilweise drastisch höhere Strafen vorsieht als in Europa üblich. Da alle Daten auf der Grundlage des US-Patriot Act von 2001 auch allen amerikanischen Geheimdiensten zur Verfügung stehen, wird mit gutem Grund befürchtet, dass die Daten in den USA zur Rasterfahndung herangezogen werden. Damit kommt es zu einer Massenanalyse von unverdächtigen Personen. In die USA einreisende Passagiere können ein Lied davon singen. Dass US-Geheimdienste vorhandene Daten auch zur Wirtschafts- und Industriespionage nutzen, ist ein offenes Geheimnis. So lassen sich mit leistungsfähigen Auswertungsprogrammen Fluggastdaten spielend mit europäischen Finanzdaten aus dem SWIFT-Abkommen verknüpfen.

Alles in allem: Die amerikanischen Geheimdienste, allen voran die National Security Agency, erfassen nach amerikanischem Recht legal weltweit die Daten- und Sprachkommunikation über das Internet und die Telefonnetze und verletzten auf diese Weise das Recht der Bürger anderer Staaten. Sie sind in der Lage, jedes Smartphone und jeden Computer nicht nur auszuspähen, sondern auch zu ferngelenkten Wanzen zu machen. Jeden Tag werden auf diese Weise Milliarden Datensätze erfasst und abgespeichert. Die so angehäuften unvorstellbar großen, zunächst aber wenig strukturierten und amorphen Datenmengen enthalten die Informationen, die gesucht werden, welche immer dies auch sein mögen. Das sind dann die Nadeln in General Alexanders Heuhaufen. Deshalb ist dieser Datenschatz richtig wertvoll erst dann, wenn man den Schlüssel dazu geliefert bekommt, die amorphen Daten zuverlässig einzelnen Menschen zuzuordnen. Hier tritt in betrüblicher Weise die Europäische Union auf den Plan. In dreifacher Weise liefert die EU-Kommission ihre Bürger an die amerikanischen Geheimdienste aus: Durch die verantwortungslose Safe-Harbour-Praxis, durch die Übermittlung der Bankdaten nach dem SWIFT-Abkommen und durch das Bereitstellen der Fluggastdaten. Erst die Verknüpfung der von der EU zugänglich gemachten personenbezogenen Daten ermöglicht die effiziente und komplette Ausspähung der Europäer. Dramatischer könnte die Europäische Union nicht versagen, und dramatischer könnte sie die Unionsbürger nicht im Stich lassen.

Nicht nur am Rande gehört zu dem Thema des bewusst schädlichen und fahrlässigen Umgangs mit den Daten der Europäer auch die Frage, warum es im Bereich der Informationstechnologien und Telekommunikation zu dieser totalen amerikanischen Übermacht kommen konnte, und warum es hier an jedem ernsthaften und aussichtsreichen europäischen Versuch gefehlt hat, selbständig zu werden und sich dem amerikanischen Herrschaftsanspruch entgegenzustellen. In Brüssel rühmt man sich allenthalben der gewaltigen Wirtschaftsmacht, welche die Europäische Union auch im globalen Rahmen darstelle. Zu fragen bleibt dann, warum nicht zumindest Teile dieser offensichtlich vorhandenen Ressourcen dafür eingesetzt werden, auf dem Felde der ITK-Branche eine Konkurrenz zur US-Dominanz aufzubauen. Warum, bei Zusammenführung der in Europa auf diesem Gebiet vorhandenen Kapazitäten, nicht ein europäisches Google? Ein europäisches Facebook? Ein europäisches Apple? Ein europäisches Microsoft? Vielleicht fällt die Antwort auf diese Fragen deshalb negativ aus, weil man in der Führung der Europäischen Union andere Prioritäten setzt. Wer sich um die

Zulässigkeit oder Nichtzulässigkeit von Ölkännchen auf europäischen Restauranttischen kümmert oder sich viele Jahre lang um die richtige Krümmung von Gurken sorgte, hat vielleicht nicht mehr die Kraft und die Phantasie, Themen anzupacken, bei denen es im wahrsten Sinne des Wortes um die Herrschaft über die Welt geht. Die Kluft zwischen europäischem Reden und europäischem Handeln klafft nicht nur hier weit auseinander.

Ein Beispiel für dieses europäische Versagen ist aus der hohen Zeit der europäischen Finanz-, Schulden- und Eurokrise in Erinnerung, auch wenn dieses Problem immer noch seiner endgültigen Lösung harrt. Damals gehörte es zum guten europäischen Jammerton, die drei das Finanzbild der Welt bestimmenden amerikanischen Ratingagenturen Standard & Poors, Moody's und Fitch Ratings wegen ihrer angeblich Europa schädigenden und Amerika schonenden Beurteilungsweise anzuklagen. Mit diesem amerikanischen Ratingmonopol müsse nun endgültig Schluss sein, hieß es seinerzeit mit dem Brustton der Empörung in Brüssel, eine europäische Ratingagentur sei überfällig und müsse nun her. Dass es diese europäische Ratingagentur auch heute noch nicht gibt, wundert niemand. Der Riesenabstand zwischen Wort und Tat ist geradezu ein Markenzeichen der Führung der Europäischen Union.

Die Grenzen Europas: Erweiterung ohne Ende?

Der Begriff der Erweiterung im Zusammenhang der Europäischen Union hat zwei Dimensionen. Die eine richtet sich nach innen, die andere nach außen. Die eine Frage zielt auf den organisatorischen und staatlichen Endzustand der EU, die andere auf ihre Erweiterung durch immer neue Mitglieder. Beide Themen berühren den Kern der Existenz und der Zukunft der Europäischen Union.

Europäischer Staatenbund mit möglichst stark erhaltener Souveränität der Mitgliedstaaten oder zentralistischer europäischer Einheitsstaat? Entmachtung der Hauptstädte und der dort amtierenden Regierungen der einzelnen EU-Staaten oder Hauptstadt Brüssel mit der dort herrschenden europäischen Zentralregierung? Demokratisch gewählte Parlamente und Regierungschefs oder ein auf europäischer Ebene bestellter und mit Zentralgewalt ausgestatteter Kommissionspräsident? Abschaffung der Richtliniengewalt von Bundeskanzlern und Ministerpräsidenten und Ablieferung dieser Kompetenz beim Präsidenten der EU-Kommission? Bestimmung der Regierungsgewalt in freien, gleichen, geheimen und direkten Wahlen oder Etablierung einer europäischen Zentralregierung auf der Grundlage eines Wahlrechts, das von dem unerlässlichen demokratischen Grundsatz „one man, one vote" Lichtjahre entfernt ist? Oder Fragen, die sich schon unter dieser Ebene stellen: Was soll aus den Rufen nach einem europäischen Finanzminister, nach einem europäischen Wirtschaftsminister, nach einem europäischen Justizminister werden, zu hören vor allem in der Debatte über die Bewältigung der europäischen Schulden-,

Finanz- und Währungskrise? Es stellt sich auch die Frage, ob die Europäische Union seit dem Ende des Kalten Krieges und der revolutionären Wende in Europa nicht allzu sehr in alten Gleisen fährt und auf neue Herausforderungen keine Antwort hat. Der unsichere Umgang mit den Entwicklungen in der Ukraine ist hier nur ein Beispiel.

Europa muss dringend für Klarheit darüber sorgen, wo die Grenzen seiner inneren Entwicklung liegen. Der zentralistische Einheitsstaat ist das falsche und untaugliche Modell. Der Weg dorthin wäre schon deshalb ein Irrweg, weil einem solchen europäischen Staat das wichtigste fehlen würde, was ein Staat braucht, ein Staatsvolk. Es gibt kein europäisches Staatsvolk. Die Völker Europas in ihrer Verschiedenheit, in der Unterschiedlichkeit ihrer Sprache, ihrer Geschichte, ihres Denkens, ihrer Mentalität, ihrer gesellschaftlichen Prägung, ihres Wirtschaftens, in der landschaftlichen Gegensätzlichkeit ihrer Länder und deren Natur machen überhaupt erst Europas Stärke, Reichtum und Glanz aus. Eine aus Brüssel beförderte oder angeordnete Einebnung, wie mit dem Bestehen und dem Wesen eines zentralistischen europäischen Staates zwangsläufig verbunden, wäre das Ende dessen, was Europa ausmacht, wäre sein Tod. Deshalb muss jeder, der Europa liebt, jeder leidenschaftliche Europäer, der eine starke und blühende Europäische Union will, dem Ziel eines europäischen Superstaates und der Entwicklung dorthin mit aller Entschlossenheit entgegentreten.

Der von Charles de Gaulle geprägte Gedanke eines „Europa der Vaterländer" hat über die Jahrzehnte hinweg nichts von seinem Leuchten verloren, hat an Aktualität eher noch gewonnen. Bayern als ein starkes und selbstbewusstes deutsches Land hat diesem aus Frankreich kommenden Wort jenes vom „Europa der Regionen" hinzugefügt. Zum Endziel des europäischen Projekts hat de Gaulle seine Position in Frageform auf den Punkt gebracht: „Heißt das Ziel – was schon viel wäre – Harmonisierung der praktischen Interessen der sechs Staaten, wirtschaftliche Geschlossenheit nach außen und möglichst gegenseitige Abstimmung des internationalen Vorgehens? Oder will es die völlige Verschmelzung der Volkswirtschaften und der jeweiligen Politik herbeiführen, so dass sie in einem einzigen Gebilde mit eigener Regierung, eigenem Parlament, eigenen Gesetzen aufgehen, das seine Untertanen französischer, deutscher, italienischer, holländischer, belgischer und luxemburgischer Herkunft in allen Belangen regiert als Mitglieder eines künstlichen Vaterlandes, das dem Gehirn der Technokraten entsprang?" Müßig zu sagen, so de Gaulle, dass ihm alle illusionistischen Wunschträume von einem allmächtigen europäischen Zentralstaat unvorstellbar waren. Das galt ihm bereits für ein Europa der 6. Wie erst soll in einem Europa der 28 – nach Brüsseler Vorstellungen: Tendenz weiter steigend – ein solches utopisches Einheitsstaatsgebilde funktionieren?

Schon jetzt geht den Europäern die zentralistische europäische „Staatsgewalt" zu weit. Sie verstehen Europa nicht, wie es sich im überzogenen Agieren der Europäischen Union ausdrückt. Die Kluft zwischen Regierenden und Regierten wird allen gegenläufigen propagandistischen Anstrengungen zum Trotz immer breiter und tiefer. Kaum jemand vermag mehr zu begreifen, warum sich Brüssel in die letzten Kleinigkeiten des täglichen Lebens einmischen muss, warum sich ein freiwilliger Zusammenschluss europäischer Staaten zu Großmachtgehabe mit einem allumfassenden

Herrschaftsanspruch aufspielen muss. Die Menschen spüren schon zu sehr globale Entwicklungen, deren Chancen sie mit dem Kopf erkennen, aber mit dem Herzen fürchten, als dass sie auch noch einer „europäischen Globalisierung" ausgesetzt sein wollen. Interessant in diesem Zusammenhang ist, dass das Werk des österreichisch-amerikanischen Philosophen Leopold Kohr (1909 – 1994) nicht nur ständig neue Auflagen erlebt, sondern auch heftig diskutiert wird. Kleine Staaten und soziale Einheiten, so seine Position, seien effizienter und auch friedlicher als große, im Streben nach immer größeren Gemeinschaften in Politik und Wirtschaft lägen immer größere Risiken. Das Wort „Small is beautiful" wird auf ihn zurückgeführt. Heute schon geht die innere Entwicklung der Europäischen Union all jenen, die den Trend hin zu einem europäischen Einheitsstaat für falsch und verhängnisvoll halten, zu weit.

Ein nicht weniger strittiges Thema ist die Erweiterungspolitik der Europäischen Union, also die Frage nach den äußeren Grenzen. Als die Europäische Wirtschaftsgemeinschaft 1957 mit den Römischen Verträgen gegründet wurde, war sie ein überschaubarer Zusammenschluss. Wer mitmachen durfte, sah sich privilegiert. Frankreich, Deutschland, Italien, die Niederlande, Belgien und Luxemburg bildeten das neue Kerneuropa. Für Großbritannien, den Außenseiter von der Insel, war es unvorstellbar, Mitglied einer solchen Gemeinschaft zu werden. Einerseits. Andererseits hätte London auch gar keine Chance gehabt, selbst wenn es gewollt hätte, Mitglied der EWG zu werden. Der Widerstand aus Paris gegen ein „Clubmitglied" von jenseits des Kanals wäre zu unüberwindlich gewesen. General de Gaulle ließ die Briten im Januar 1963 kühl und durchaus belehrend wissen: „England ist ein Inselstaat, ausgerichtet auf die See. Es ist durch seinen Handel, seine Märkte und seine Versorgung an die verschiedensten, oftmals weit entlegenen Länder gebunden. Es ist in erster Linie ein Industrie- und Handelsstaat, der nur wenig Landwirtschaft betreibt. Es besitzt in all seinem Tun Gewohnheiten und Traditionen, die sehr ausgeprägt und eigener Art sind. Kurzum, das Wesen, die Struktur und die Umstände, die England eigen sind, unterscheiden es weitgehend von kontinentalen Staaten."

Insgesamt, so der französische Präsident, sei „diese Art natürlich unvereinbar mit dem System, das die Sechs ganz natürlich für sich selbst geschaffen haben". Die endgültige Absage an den britischen Beitrittswunsch zur damaligen Zeit wurde dann, wie de Gaulle sie formulierte, ein rhetorisches und diplomatisches Meisterstück: „Es ist aber auch möglich, dass England noch nicht gewillt ist, der Europäischen Gemeinschaft beizutreten, und diesen Schluss könnte man aus den so langen, unendlich langsamen Brüsseler Verhandlungen ziehen. Wenn dem aber so ist, so sollte man das nicht als dramatisch ansehen." Auch an geschichtlichem Trost ließ es der General bei der in der Sache harten Absage nicht fehlen: „Was England im Laufe der Jahrhunderte in der Welt geleistet hat, wird als gewaltig anerkannt, obwohl es oft Konflikte mit Frankreich gehabt hat. Die ruhmreiche Teilnahme Großbritanniens an dem Sieg des Ersten Weltkrieges wissen wir Franzosen auch heute noch zu schätzen, und was die Rolle betrifft, die England im entscheidendsten und dramatischsten Augenblick des Zweiten Weltkriegs gespielt hat, so hat niemand das Recht, sie zu vergessen." Zum Trost verwies de Gaulle darauf, dass Großbritanniens eigene Entwicklung und die

Entwicklung der Welt die Engländer nach und nach dem Kontinente näher bringen könnten, wie lange es zur Erreichung dieses Zieles auch dauern möge: „Ich selbst glaube gerne daran, und deshalb wird es meiner Meinung nach dem britischen Premierminister, meinem Freund Harold MacMillan, und seiner Regierung zur Ehre gereichen, sie so frühzeitig erkannt zu haben, den politischen Mut besessen zu haben, es zu verkünden und ihr Land auf den Weg geführt zu haben, der es ihm vielleicht eines Tages gestattet, sich dem Kontinent anzuschließen."

Aber vorläufig und noch für ein Jahrzehnt blieb England draußen vor der Tür, wollte jedoch dabei nicht allein sein. Mit der Gründung der Europäischen Freihandels-Assoziation (EFTA) wollte London eine Art Konkurrenzunternehmen schaffen. Gründungsmitglieder waren neben Großbritannien Dänemark, Norwegen, Schweden, Österreich, Portugal und die Schweiz. Später folgten noch Finnland, Island und Liechtenstein. Das englische Unternehmen erwies sich, auch wenn es in Restbeständen heute noch fortbesteht, als nicht lebensfähig. Das Vereinigte Königreich musste den eigentlich ungeliebten Schritt nach Europa tun, am 22. Januar 1972 konnte der britische Regierungschef Edward Heath das britische Beitrittsabkommen unter Dach und Fach bringen. Im Jahr danach traten sein Land und das EFTA-Mitglied Dänemark sowie Irland der Europäischen Gemeinschaft bei. Griechenland wurde 1981 Mitglied, Portugal und Spanien folgten 1986, Finnland, Österreich und Schweden 1995. Mittlerweile besteht die Rest-EFTA nur noch aus Island, Liechtenstein und Norwegen, die gemeinsam mit den EU-Mitgliedstaaten den Europäischen Wirtschaftsraum (EWR) bilden, und der Schweiz, die ihr Verhältnis zur EU mit eigenen

Verträgen regelt. Mit Island hat die EU im Sommer 2010 Beitrittsverhandlungen aufgenommen.

Eine Erweiterung, die das Attribut geschichtlich verdient, erfolgte 2004. Nach der großen Wende in Europa und nach dem Ende der kommunistischen Zwangsherrschaft über Osteuropa und große Teile Mitteleuropas, nach der Wiedergewinnung der Freiheit und der staatlichen Unabhängigkeit machten sich ganze Regionen auf den Weg nach Europa. Als sie noch in Unfreiheit zu leben gezwungen waren, war auf Antrag des CSU-Europaabgeordneten Otto von Habsburg im Parlament in Straßburg ein leerer Stuhl aufgestellt worden, damit symbolstark den Platz markierend, der eigentlich den unfreien Europäern zustünde. Jetzt waren diese Europäer frei. Estland, Lettland, Litauen, Polen, Slowakei, Slowenien, Tschechien und Ungarn traten der Europäischen Union bei. Gleichzeitig wurden Malta und der griechische Teil von Zypern Mitglied. 2007 kamen Bulgarien und Rumänien hinzu, 2013 Kroatien.

Beitrittsvorgänge, die sich auf dem Papier einfach lesen, erfordern komplizierte und in aller Regel jahrelang dauernde Verhandlungen und Beratungen. Die Grundvoraussetzungen für den Beitritt eines Landes zur Europäischen Union wurden 1993 bei einer EU-Gipfelkonferenz in Kopenhagen beschlossen. Im Artikel 49 des EU-Vertrages heißt es: „Jeder europäische Staat, der die in Artikel 2 genannten Werte achtet und sich für ihre Förderung einsetzt, kann beantragen, Mitglied der Union zu werden." Nach entsprechenden Verhandlungen und der Erarbeitung eines Beitrittsabkommens bedarf dann der endgültige Beitritt eines Landes der Zustimmung des Europäischen Parlaments und der Parlamente aller Mitgliedstaaten der EU. Sagt ein Staat nein zu dem neuen Mitglied, ist diesem der Weg in die Gemeinschaft versperrt. Auch wenn dieser Fall in einer auf Konsens gerichteten Union bisher noch nicht vorgekommen ist, sollte doch bei allen Überlegungen über die Zukunft der Europäischen Union diese Möglichkeit nicht außer Acht gelassen werden.

In Artikel 2 des EU-Vertrages findet sich der Erwartungs- und Forderungskatalog, der an ein beitrittswilliges Land gerichtet wird: „Die Werte, auf die sich die Union gründet ‚sind die Achtung der Menschenwürde, Freiheit, Demokratie, Gleichheit, Rechtsstaatlichkeit und die Wahrung der Menschenrechte einschließlich der Rechte der Personen, die Minderheiten angehören. Diese Werte sind allen Mitgliedstaaten in einer Gesellschaft gemeinsam, die sich durch Pluralismus, Nichtdiskriminierung, Toleranz, Gerechtigkeit, Solidarität und Gleichheit von Frauen und Männern auszeichnet." Was sich für viele Länder Europas als ein selbstverständlicher politischer und staatlicher Verhaltenskodex darstellt, ist in manchen Ländern noch weit entferntes Ziel. Deshalb ist der Neubeitritt eines Landes nicht selten ein mühsames Unterfangen.

Auch für den Beitritt gibt es im durch und durch geregelten Europa ein geregeltes Verfahren. Ein Bewerberland stellt einen Beitrittsantrag, dann beginnen die europäischen Mühlen zu mahlen. Auf Vorschlag der Kommission und nach einer einstimmig endenden Einigung im Europäischen Rat wird dem sich um einen Beitritt bewerbenden Land der Status eines Beitrittskandidaten verliehen. Allerdings kann bereits zu diesem Zeitpunkt die Aufnahme tatsächlicher Beitrittsverhandlungen an bestimmte Bedingungen geknüpft werden. Sind diese erfüllt, wird wiederum durch einstimmigen Beschluss des Rates der

Kommission ein Verhandlungsmandat erteilt, in dem die Bedingungen und Reformen niedergelegt sind, die vor einem Beitritt erfüllt und durchgeführt werden müssen. Die Verhandlungen selbst, die auf Seiten der EU von dem für Erweiterungsfragen zuständigen Kommissar – zur Zeit der aus Tschechien kommende Stefan Füle – geführt werden, betreffen vor allem den Zeitplan und die genauen Bedingungen für die Einführung des „Acquis communautaire", der Gesamtheit aller europarechtlichen Vorschriften.

Zwar sind die Inhalte hier unverhandelbar, aber über Übergangsfristen, die in nicht wenigen Fällen notwendig sind, wird hartnäckig gestritten. Unterteilt wird das Verhandlungspaket in 35 Einzelkapitel, in deren Gesamtheit sich die Kompliziertheit des europäischen Rechts- und Regelwerkes spiegelt: Freier Warenverkehr, Freizügigkeit der Arbeitnehmer, Niederlassungsrecht und Dienstleistungsfreiheit, freier Kapitalverkehr, öffentliches Auftragswesen, Gesellschaftsrecht, Rechte an geistigem Eigentum, Wettbewerbspolitik, Finanzdienstleistungen, Informationsgesellschaft und Medien, Landwirtschaft, Lebensmittelsicherheit und Tier- und Pflanzenschutz, Fischerei, Verkehrspolitik, Energie, Steuern, Wirtschafts- und Währungspolitik, Statistik, Sozialpolitik und Beschäftigung, Unternehmens- und Industriepolitik, transeuropäische Netze, Regionalpolitik und Koordination der strukturpolitischen Instrumente, Justiz und Grundrechte, Sicherheit, Freiheit und Recht, Wissenschaft und Forschung, Bildung und Kultur, Umwelt, Verbraucher- und Gesundheitsschutz, Zollunion, Außenbeziehungen, Außen-, Sicherheits- und Verteidigungspolitik, Finanzkontrolle, Finanz- und Haushaltsbestimmungen, Institutionen und – als 35. Punkt – sonstige Fragen.

Die Art und Weise, wie von der Kommission diese Beitrittsverhandlungen geführt werden, zieht immer wieder heftige Kritik auf sich. Bei der Erstellung der „Fortschrittsberichte" zu den einzelnen Verhandlungspunkten zeigt sich die Kommission allzu häufig besonders großzügig. Ankündigungen des guten Willens von Seiten der Beitrittskandidaten werden bereits für die Tat genommen. Auf das Einräumen von Übergangsfristen wird gesetzt, sind sie bewilligt, lässt der Eifer, die zugesagten Reformen zu verwirklichen, bei manchen Beitrittskandidaten merklich nach. Auf diese Weise drängen und kommen Länder in die Europäische Union, die den hochgehaltenen „Acquis communautaire" längst nicht in allen Punkten erfüllen. Dabei trifft die Kommission nicht die Alleinschuld. Auch der Europäische Rat zeigt sich übertrieben nachsichtig. Und auch die einzelnen Mitgliedstaaten verzichten auf die stringente Wahrnehmung ihrer Verantwortung. Die EU erfährt durch solche Beitritte keine Bereicherung und keine Stärkung, sie hat nur zusätzliche milliardenschwere Belastungen zu tragen.

Beim völlig verfrühten Beitritt Rumäniens und Bulgariens wurde dieses Blinde-Kuh-Verfahren praktiziert. Als die beiden Balkanländer am 1. Januar 2007, obwohl mit strikten Auflagen versehen, Mitglieder der Union geworden waren, widersprach in Brüssel hinter vorgehaltenen Hand kaum jemand der Einschätzung, dass Rumänien wie Bulgarien von dem Qualitätsmaßstab, der ohne Ausnahme an jeden Mitgliedstaat der Europäischen Union gelegt werden muss, auf lange Zeit noch sehr weit entfernt seien. Um an die Anfangszeit der europäischen Einigung zu erinnern, an das Europa der Sechs: Es war ein Privileg, dieser Gemeinschaft anzugehören, und dieses Privileg musste man sich erst verdienen.

Jetzt sind Bulgarien und Rumänien in der Union, bekommen Gelder und stellen Kommissare, von den Normen aber, die in einem Mitgliedsland der Europäischen Union einzuhalten sind, sind beide Staaten immer noch weit entfernt. Die Klagen über die rumänischen und bulgarischen Verhältnisse sind im Großen und Ganzen die Klagen, die auch schon vor dem Beitritt zu hören waren. So wurde noch im Jahr vor dem Beitritt im Europäischen Parlament von dem französischen Sozialisten Pierre Moscovici, inzwischen Finanzminister im Kabinett von Staatspräsident Francois Hollande, darüber Beschwerde geführt, dass die beiden Beitrittsaspiranten noch weit von einer „EU-Reife" entfernt seien. Vor allem in der Verwaltung, im Justizwesen, bei der Korruptionsbekämpfung auf höchster Ebene, bei der Grenzsicherung, bei der Pressefreiheit, bei Wettbewerb und Umweltschutz, bei der Integration der Sinti und Roma sowie beim Kinderschutz rügte Moscovici massive Defizite.

Im Gegensatz zu anderen Staaten aus Mittel- und Osteuropa waren schon vor deren Beitritt die unerfreulichen Verhältnisse in Rumänien und Bulgarien Dauerthema auf der europäischen Bühne. „Das Europäische Parlament bedauert, dass trotz der Fortschritte in einer Reihe von Bereichen Rumänien derzeit ernste Schwierigkeiten bei der Erfüllung der politischen Kriterien von Kopenhagen hat, und äußerst sich besorgt darüber, dass der Abschluss der Beitrittsverhandlungen 2004 und der Beitritt 2007 nicht möglich sein wird", hieß es in einer Beschlussfassung des Europäischen Parlaments. Auch die Kommission legte wiederholt lange Klagelisten vor. Dennoch wurden die beiden Länder aufgenommen, obwohl man ihnen auch im eigenen Interesse besser mehr Zeit gelassen hätte, ihren Weg nach Europa vorzubereiten.

Seit 2007 gehören Rumänien und Bulgarien der Europäischen Union an, die Klagen über böse rechtsstaatliche Defizite aber wollen nicht verstummen. Jetzt meldet sich die Kommission mit einer Lautstärke zu Wort, die man von ihr vor dem Beitritt mit dem Ziel einer Verschiebung der Mitgliedschaft lieber gehört hätte. Vor allem Rumänien gerät jetzt in das Visier der Brüsseler Kritiker. „Doch geben der fehlende Respekt gegenüber der Unabhängigkeit der Justiz und die Instabilität der Justizorgane nach wie vor Anlass zur Sorge", wurde von der Kommission 2012 – fünf Jahre nach dem Beitritt Rumäniens – geklagt. Im Jahr danach, 2013, war es offensichtlich auch nicht besser. Jetzt hieß es in einem Bericht der Kommission: „Besondere Sorge bereitete im letzten Sommer der Umstand, dass offensichtlich Druck auf Justizorgane ausgeübt und die Unabhängigkeit der Justiz nicht genügend respektiert wurde. Diese Sorge bleibt bestehen. Der Kommission wurde mehrfach von Einschüchterungen oder Belästigungen von Personen berichtet, die in Schlüsselpositionen im Justizwesen und in Anti-Korruptionsbehörden tätig sind. Danach soll es auch persönliche Drohungen gegen Richter und ihre Familien gegeben haben sowie Medienkampagnen, die Mobbing gleichkamen."

Besonderes Gewicht gewinnen die Vorgänge um die augenscheinlich weit verfrüht beschlossene Aufnahme von Rumänien und Bulgarien in die Europäische Union anlässlich der in Deutschland zu Beginn des Jahres 2014 mit einiger Erregung geführten Debatte über die Zuwanderung aus Rumänien und Bulgarien. Die diskutierte Frage wird noch dadurch verschärft, dass seit dem 1. Januar 2014 volle Freizügigkeit für Arbeitnehmer aus diesen Ländern besteht, und dass über die Zahl möglicher Zuwanderer Ungewissheit und Streit herrschen. Im Kern aber geht es um ein Problem, von dem schon jetzt manche Großstädte in der Bundesrepublik, vor allem in Nordrhein-Westfalen, völlig überfordert sind, und das nicht nur finanziell. Dabei handelt es sich genau um jene Diskriminierung von Sinti und Roma, die von Pierre Moscovici im EU-Parlament angesprochen worden war.

Wegen dieser Diskriminierung in ihrer Heimat machen sich Zehntausende Angehörige dieser Volksgruppe auf, um in Deutschland Heimat und Zukunft zu finden. Begründet wird diese Wanderungsbewegung durch die in den Heimatländern in der Tat stattfindende Diskriminierung, die vor allem in unerträglichen Lebensverhältnissen ihren Niederschlag findet. Auch hier sind peinliche Fragen an die Europäische Kommission zu richten. Warum hat man nicht vor dem Beitritt darauf gedrängt, dass diese skandalösen Lebensbedingungen einer Minderheit dringend und dem europäischen „Acquis communautaire" entsprechend verbessert werden? Die weitere Frage: Warum hat die Kommission nicht darauf geachtet, dass die in einer Übergangszeit gegebenen Gelder gezielt in diesem Bereich eingesetzt wurden? Noch eine Frage: Warum hat seit dem Beitritt, also seit dem 1. Januar 2007, die EU-Kommission nicht mit aller Härte dafür gesorgt, dass die in Milliardenhöhe aus Brüssel in diese Länder fließenden Mittel sinnvoll und zweckmäßig verwendet und dadurch insbesondere menschenwürdige Lebensbedingungen für die Minderheit der Sinti und Roma geschaffen werden?

Angesichts des Versagens der Europäischen Union bei der Handhabung des bulgarischen und rumänischen Beitritts blickt man mit gespanntem Interesse, aber bei näherem Hinsehen auch nicht ohne Sorgen auf die Liste der weiteren Beitrittsanwärter.

Problemlos scheint der Beitritt Islands, das alle politischen Kriterien für eine Mitgliedschaft in der EU erfüllt. Vorläufig aber sind in diesem Fall alle Verhandlungen auf Eis gelegt, so lange sich nicht die Mehrheit der Bevölkerung in einem Referendum für eine Fortsetzung der Verhandlungen mit Brüssel ausspricht.

Weit aufmerksamer und kritischer sind die Anwärter zu betrachten, die vom Balkan her in die EU streben. Bei allen fünf Kandidaten aus dieser Region gibt es heftige Probleme im Inneren oder erhebliche Schwierigkeiten mit den Nachbarn. Das gilt beispielsweise für Serbien, wo es nicht nur bei einem starken Rechtsstaat, bei der Korruptionsbekämpfung, bei der Gewährleistung der Pressefreiheit und beim Schutz von Minderheiten – also bei europäischen Kernanliegen – deutliche Defizite gibt. Alarmierend ist auch, dass im Herbst 2013 Asylbewerber aus Serbien, weil ihnen die Verhältnisse in der Heimat offensichtlich unerträglich erschienen, bei der Zahl der in Deutschland gestellten Asylanträge hinter dem von einem furchtbaren Bürgerkrieg heimgesuchten Syrien auf dem zweiten Platz lagen. Das lässt ahnen, welcher Strom von Zuwanderern sich aus Serbien auf dem Weg vor allem nach Deutschland machen würde, sollte das Land Mitglied der EU werden. Völlig ungeklärt sind auch Serbiens Beziehungen zu seiner früheren Provinz Kosovo, bei denen sich Belgrad gegen jede ernsthafte und friedliche Normalisierung sperrt. Der Kosovo wiederum ist von seinen politischen und demokratischen Qualitäten noch viel weiter von Europa entfernt als Serbien. Im Juni 2013 gab die EU grünes Licht für Gespräche über ein Assoziierungsabkommen als Vorstufe für einen allerdings noch in weiter Ferne liegenden möglichen Beitritt. Immerhin registriert Brüssel, bescheiden wie man in der EU ist, in diesem Fall positiv die Bereitschaft des Kosovo, unter Vermittlung der EU einen Dialog mit dem ehemaligen Kriegsgegner Serbien zu führen.

Dem kleinen Balkanstaat Mazedonien, Beitrittskandidat schon seit 2005, bescheinigt die Kommission, die politischen Kriterien für einen Beitritt zu erfüllen. Dennoch geht die Empfehlung, echte Beitrittsverhandlungen aufzunehmen, seit fünf Jahren ins Leere: EU-Mitglied Griechenland hat wegen des Namens Mazedonien – eine der griechischen Provinzen heißt so – sein Veto eingelegt. Bei Montenegro fehlt es am erfolgreichen Kampf gegen Korruption und organisierte Kriminalität, obwohl immerhin beim Aufbau einer funktionierenden Marktwirtschaft gewisse Fortschritte zu verzeichnen sind. Zu Beginn des Jahres 2014 zeigte eine Reihe von Beispielen brutaler Verfolgung von freien Medien, warum Montenegro noch nicht einmal in weitester Ferne als Beitrittskandidat für die EU in Frage kommt. Das Verlagsgebäude einer regierungskritischen Zeitung wurde mit einer Bombe angegriffen, eine der Regierung lästige Journalistin krankenhausreif geschlagen. „Das zeigt, dass die Mafia im Schulterschluss mit der Regierung sich weiter bemüht, die freien Medien zu ersticken und die Meinungsfreiheit umzubringen", kommentierte ein Verband von Bürgerinitiativen dieses Geschehen. „Die Toleranz, die das montenegrinische Justizsystem gegenüber den Angreifern auf Journalisten zeigt, ist unakzeptabel", kritisierte die Organisation „Reporter ohne Grenzen". Die Straffreiheit für Gewalt gegen Medienvertreter sei geradezu die Regel. Was für Montenegro gilt, trifft auch für den EU-Anwärter Albanien zu. Es mangelt bei der Bekämpfung von Kriminalität und Korruption, an einer funktionierenden Verwaltung und an der Einhaltung von Recht und Gesetz überhaupt. Der letzte Europa-Interessent vom Balkan und bisher bestenfalls ein potenzieller Kandidat ist Bosnien-Herzegowina. Das Land ist ganz weit davon entfernt, irgendwelche EU-Kriterien erfüllen zu können. Die Gegensätze zwischen den verschiedenen Bevölkerungsgruppen halten unvermindert an. Ein funktionierender Staat lässt sich nicht einmal in Umrissen erahnen.

Der wörtlich genommen schwerste Brocken, den die Europäische Union auf dem Themenfeld der Erweiterung zu bewältigen, aber hoffentlich nicht zu schlucken hat, ist die Türkei. Mehr als 50 Jahre gehen hier die beiderseitigen Gespräche zurück. Schon 1963 war die Türkei nach Griechenland der zweite Staat, mit dem die EWG einen Assoziierungsvertrag geschlossen hat. 1987 richtete Ankara dann ein offizielles Beitrittsgesuch an die Gemeinschaft. 1999 erhielt die Türkei den Status eines anerkannten Beitrittskandidaten. 2004 dann traf der Europäische Rat die sonderbare und nur auf eine starke politische Sehschwäche zurückzuführende Feststellung, „dass die Türkei die politischen Kriterien von Kopenhagen hinreichend erfüllt". Am 3. Oktober 2005 begannen die Beitrittsverhandlungen. Auf dem weiteren Weg ging es für die Türkei ziemlich entgegenkommend zu. Die Übernahme des rechtlichen Besitzstandes der EU wurde ausgehandelt, eine Maßnahme, die sicher nur auf dem Papier steht, in der türkischen Wirklichkeit aber nicht anzutreffen ist. Bis heute fehlt es himmelweit an der Einhaltung der von den Europäern beschlossenen und hochgehaltenen Grundwerte, deren vollständige Übernahme die Voraussetzung auch eines türkischen Beitrittes ist. Die Meinungsfreiheit des einzelnen Menschen gibt es im Reich von Recep

Tayyip Erdogan nicht. Man braucht nur Nachrichten zu verfolgen, um zu wissen, wie er mit harter Hand jede unliebsame Meinungsäußerung von Polizei und Sicherheitsbehörden verfolgen und unterdrücken lässt.

Ebenso wenig gibt es die Freiheit der Religion. Wie das Christentum systematisch schikaniert und ausgetrocknet wird, ist ein Skandal, den die Führung der Christen in Europa, welcher Konfession auch immer, viel zu wenig anprangert. Im 19. Jahrhundert waren 20 Prozent der Menschen in der Türkei Christen, heute sind es noch ganze 0,15 Prozent. Da Kirchen keine rechtlichen Körperschaften bilden dürfen, existieren sie de facto für den Staat nicht. Es ist ihnen untersagt, Orte für den Gottesdienst zu errichten, konfessionelle Schulen oder Priesterseminare zu gründen. Der Priesternachwuchs stirbt aus. Zur nicht vorhandenen Meinungs- und Religionsfreiheit kommt die nicht vorhandene Pressefreiheit. Unter der lapidaren Überschrift „Wer kritisch berichtet, landet hinter Gittern" informierte die „Frankfurter Allgemeine Zeitung" 2013 über den Umgang des Regimes in Ankara mit Journalisten. 72 Journalisten saßen zu dieser Zeit nach einer Statistik des International Press Institute (IPI) in türkischen Gefängnissen. In dem Bericht hieß es: „Besonders problematisch wirkt sich die Antiterrorgesetzgebung auf die Arbeit kritischer Journalisten aus. Vage formulierte Straftatbestände werden von staatsgeneigten Richtern zu Lasten der Journalisten ausgelegt. Verhandelt wird zum Teil vor Sondergerichten, und es ist vorgekommen, dass ein Staatsanwalt, der aufgrund der dünnen Beweislage von einer Anklage absehen wollte, abgelöst und durch einen ersetzt wird, der das Verfahren dann in aller Strenge weiterführt. Oft wird die neutrale journalistische Berichterstattung über Terrorakte und

Terrororganisationen bereits als Unterstützung einer terroristischen Organisation und damit als Straftat geahndet. Diese Rechtspraxis wurde vom Europäischen Gerichtshof mehrfach beanstandet."

Keine Meinungsfreiheit, keine Religionsfreiheit, keine Pressefreiheit – aber die Europäische Union tut unverdrossen so, als ob es sich dabei um Petitessen handle, über die man geflissentlich hinweggehen und sie der Türkei großzügig nachsehen könne. In Brüssel wird munter ein Verhandlungskapitel nach dem anderen aufgemacht, nach den hehren Prinzipien, die zum rechtlichen, politischen und demokratischen Urbestand der EU gehören, wird in den Beziehungen zur Türkei offensichtlich kaum mehr gefragt. Bei jedem neuen skandalösen Rechtsbruch in der Türkei – wenn Erdogan zum Exempel in laufende Verfahren und Ermittlungen eingreift und zu wenig regimetreues Justizpersonal auswechselt – gibt es in Brüssel und in den anderen EU-Hauptstädten, auch in Berlin, den obligatorischen Empörungsschrei, dem der Übergang zur Beitrittsverhandlungs-Tagesordnung folgt. Für die Türkei übrigens mit angenehmen Folgen: Als Beitrittskandidat erhält die Türkei üppige Mittel aus einem Programm, das der Heranführung möglicher Mitglieder an die EU dient. Von 2007 bis 2013 waren dafür insgesamt rund 4,9 Milliarden Euro vorgesehen. Man kann sich vorstellen, welchen – nämlich keinen – Eindruck es in Ankara macht, wenn Erweiterungskommissar Stefan Füle der Türkei folgenlos bescheinigt, dass es in Bezug auf die Grundrechte keinerlei Fortschritte gebe, dass die zunehmende Verletzung der Meinungsfreiheit Sorge mache, und dass im Polizei- und Armeeapparat eine Atmosphäre der Straflosigkeit herrsche, die Milliarden aus Brüssel aber weiter fließen.

Sich Erdogan, auf dem düsteren Weg von einem demokratischen Ministerpräsidenten zu einem autokratischen Herrscher schon weit gekommen, im Kreis braver 28 europäischer Staats- und Regierungschef eingeordnet zu sehen, ist nicht vorstellbar. Schon die robuste Art, mit der der türkische Herrscher im Zuge des so genannten „arabischen Frühlings" glaubte, sich zum Herrn einer neuen islamischen Bewegung machen zu können, zeigte ihn mit einer völlig anderen Orientierung als jener nach Europa. In bester – deutlicher gesagt: in schlimmster – Erinnerung ist noch ein Besuch des türkischen Regierungschefs in Deutschland im Jahre 2011. An die Türken in Deutschland, ob mit deutschem oder mit türkischem Pass, richtete er den Appell, dass türkische Kinder in Deutschland erst Türkisch, und dann erst Deutsch lernen müssten. Dieses Anti-Integrationsprogramm stieß damals auf heftige Kritik. Nicht weniger negatives Aufsehen erregte Erdogan mit der Feststellung, dass die Türkei Schutzmacht für die Türken in Deutschland und Libyen sei – eine merkwürdige Gleichstellung.

Bei all dem sollen die Beitrittsverhandlungen der EU mit der Türkei weitergeführt werden? Soll ein Verhandlungspaket nach dem anderen geöffnet werden? „Die Europäische Union macht sich mit dieser Politik lächerlich", kritisierte der CSU-Politiker Markus Ferber die EU-Kommission und rügt einen „Kuschelkurs": „Die EU muss der Türkei endlich die rote Karte zeigen." Anlass dieser massiven Kritik zu Beginn des Jahres 2014: Ein neuer Fall eines schreiend rechtsstaatswidrigen Verhaltens der Regierung Erdogan. Hunderte der Regierung missliebige Polizeibeamte waren, um die politischen Kreise des Ministerpräsidenten nicht zu stören, in einer Nacht- und Nebelaktion versetzt worden. Besonders empört ist Ferber darüber, dass es offensichtlich zu türkischer Regierungspraxis gehört, die sowieso schon zu Schönfärberei neigenden „Fortschrittsberichte" der Kommission bei ihrer Übersetzung in die türkische Sprache zu verfälschen und kritische Punkte wegzulassen. Deshalb müssten diese Berichte künftig von der Kommission ins Türkische übersetzt und allen türkischen Parlamentsabgeordneten zur Verfügung gestellt werden.

Endgültig und überfällig: Es ist Zeit für die große europäische Ehrlichkeit im Umgang mit der Türkei. Mit aller Klarheit muss von Brüssel aus Ankara gesagt werden, dass die Wertegemeinschaft der Europäischen Union offensichtlich nicht mit dem in der Türkei praktizierten System vereinbar ist. Dass also nicht zusammenwachsen kann, was nicht zusammengehört. Diese Ehrlichkeit schuldet die Europäische Union dem großen und wichtigen Land Türkei und seinen Menschen, denen in einer anderen Form der Partnerschaft verbunden zu sein als mit einer EU-Mitgliedschaft nicht nur unbestritten, sondern für Europa wie die Türkei sinnvoll und nützlich ist.

Man könnte natürlich auch von dem Thema Türkeibeitritt mit einer ganz anderen Begründung ablassen, die jede weitere Debatte erübrigt. Im Artikel 49, der den Beitritt zur Union regelt, heißt es: „Jeder europäische Staat, der die in Artikel 2 (in dem sie aufgeführt sind) genannten Werte achtet und sich für seine Förderung einsetzt, kann beantragen, Mitglied der Union zu werden." Jeder europäische Staat – erfüllt die Türkei diese grundlegende Forderung? Von dem türkischen Staatsgebiet liegen 97 Prozent auf asiatischer Seite, nur im Skontobereich – drei Prozent – ist die Türkei also europäisch. Ein weiteres geographisches Argument für das Nichteuropäisch-Sein der Türkei:

Noch niemand ist auf die Idee gekommen, Euphrat und Tigris, in der Türkei entspringende und für das Land wichtige Flüsse, die sich im Schatt al-Arab vereinen und dann in den Persischen Golf münden, zu den Flüssen Europas zu zählen. Zudem: Europa als Nachbar des Irak und des Iran – eine wahrlich unvorstellbare Vorstellung.

Das Problem Euro:
Pacta sunt servanda

Wie weit europäisches Handeln und Denken von den Menschen entfernt ist, gilt nicht nur für Brüssel, wo die europäischen Institutionen im Allgemeinen Dienst tun. Dieser weitverbreitete Wirklichkeitsverlust trifft auch auf Frankfurt am Main zu, wo die Europäische Zentralbank (EZB) ihren Sitz hat. EZB-Präsident Mario Draghi lieferte zum Jahreswechsel 2013/2014 in einem Interview mit dem „Spiegel" mit seiner Wortwahl exakt ein Beispiel dafür, wie wenig sich die Menschen bei der europäischen Führung verstanden und aufgehoben wissen. Der oberste Währungshüter Europas, um kräftige Worte nie verlegen, warf den Deutschen hinsichtlich ihrer Sorgen um ihr Geld und dessen Zukunft eine „perverse Angst" vor.

Dass diese Angst nicht pervers, sondern mehr als berechtigt ist, hatte der ehemalige Bundesverfassungsrichter Paul Kirchhof kurz zuvor in einem Gespräch mit dem „Handelsblatt" an einem konkreten Beispiel dargetan: an der Furcht der deutschen Sparer vor ihrer schleichenden Enteignung durch die Zinspolitik der Europäischen Zentralbank. Kirchhof hatte die Politik der EZB und ihres Präsidenten scharf kritisiert, weil durch die von ihr herbeigeführten Niedrigzinsen das Grundrecht auf Eigentum verletzt werde. „Das Verfassungsrecht verspricht jedem Bürger, dass sein Kapital einen Ertrag bringt", stellte Kirchhof fest. Dieses Versprechen werde dank der EZB-Politik nicht mehr erfüllt, „eine Kernidee des Eigentums ist abgeschafft". Draghi, in seinem früheren Leben als Banker Europachef des amerikanischen Geldhauses Goldman Sachs und deshalb in den letzten Verästelungen der globalen Finanzindustrie zu Hause, hatte im November 2013 den Leitzins auf das Rekordniveau von 0,25 Prozent gesenkt.

Diese Entscheidung war mit der schwachen Wirtschaftsentwicklung in Europa begründet und zugleich signalisiert worden, dass die EZB auf einen längeren Zeitraum hin die Zinsen so niedrig halten werde. Die Zeche dafür werden allerdings die Sparer zahlen. Kirchhof dazu: „Es gibt ein Grundrecht auf ertragsfähiges Eigentum. Besitzen und Nutzen wird garantiert. Wesentliche Formen sind mit der EZB-Zinspolitik aber ertraglos geworden." Auch an der Euro-Rettungspolitik mit ihrem maßlosen Einsatz der Geldpresse, wesentlich von Draghi zu verantworten, übte Verfassungsexperte Kirchhof scharfe Kritik: „Wir versuchen die Stabilität der Währung zu organisieren bei Instabilität des Rechts. Das kann nie gelingen. Ein Fundament des Vertrauens ist zerstört."

Georg Fahrenschon, der sich nach seinem Amtsverständnis als Präsident des Deutschen Sparkassen- und Giroverbandes als oberster Sparerschützer versteht, schlägt in die gleiche Kerbe wie Kirchhof: „Die Sparer in Deutschland können auf Dauer mit den niedrigen Zinsen nicht zufrieden sein. Zumal da die EZB mit ihren eigenen Zahlen den Beweis führt, dass die Politik des billigen Geldes nicht zu den gewünschten Erfolgen führt." Auch mit der Draghi-Rüge der „perversen Angst" der Deutschen um ihr Geld vermag Fahrenschon nichts anzufangen: „Ich finde es schwierig, wenn der EZB-Präsident ein Akteur der Tagespolitik ist. Das zeigt, dass die EZB zunehmend in eine andere Rolle gedrängt wird. Wenn dem Chef der Notenbank dann auch noch so eine unpassende Formulierung unterläuft, ist das bedauerlich." Fahrenschon drängt die EZB, möglichst bald eine Zinswende einzuleiten, für die er in 3 Prozent Zinsen auf zehnjährige Anlagen ein gutes Signal sähe. Das Argument, dass hochverschuldete Staaten mit extrem billigem Geld ihre Probleme lösen könnten, wird vom Präsidenten der deutschen Sparkassen hinterfragt: „Wenn sich die Staaten billig mit Geld versorgen können, bauen sie ihre Schulden nicht ab." Von diesem Schuldenabbau aber sind die europäischen Krisenstaaten in der Tat immer noch weit entfernt.

Die Sparer in Deutschland reagieren mit Sorge auf den Niedrigzins, der, die Inflationsrate gegengerechnet, zu Verlusten führt. Die Menschen sind nach Meinung Fahrenschons zutiefst verunsichert, ob sich Sparen überhaupt noch lohnt und konsumieren stattdessen sehr stark. Auch Unternehmer horten Geld statt zu investieren. So sinkt die Sparquote mit all ihren bedenklichen Folgen merklich ab: Fahrenschon: „Sie kommt von über 12 Prozent und liegt jetzt noch knapp über 10 Prozent. Das ist gefährlich niedrig. Wir wissen, dass wir eine 10-prozentige Sparquote brauchen, um allein genügend Altersvorsorge in einer sich demographisch verwandelnden Gesellschaft zu betreiben. Das heißt: Entweder wir legen zu wenig fürs Alter zurück oder wir sind zu schlecht gegen die Risiken des Alltags abgesichert."

Die Geschichte des Euro und seiner Entwicklung ist nicht ohne Tragik: Kluge Köpfe, die bei der Geburt der gemeinsamen europäischen Währung nicht nur beobachtend dabeistanden, sondern tatkräftig mithalfen und das Entstehen des neuen Geldes mit Zufriedenheit registrierten, gehören heute zu den scharfen Kritikern. Sie mussten die bittere Einsicht gewinnen, dass Papier geduldig ist, aber keine verpflichtende Wirkung hat. Im Klartext: Der Damm aus Gesetzen,

Pakten und Regeln, der zur Qualitätssicherung um die neue gemeinsame Währung der Europäer gebaut wurde, hat nicht gehalten, ist rissig geworden, lässt Fragen nach der Zukunft des Euro stellen.

Einer, der von Anfang an dabei war und mitgebaut hat, ist Otmar Issing. Der Volkswirt, habilitiert mit einer Arbeit über Leitwährung und internationale Wirtschaftsordnung, war aus seiner Universitätslaufbahn 1988 in den Sachverständigenbeirat zur Begutachtung der wirtschaftlichen Lage und 1990 in das Direktorium der Deutschen Bundesbank geholt worden. Am 1. Juli 1998 dann wurde Issing eines von sechs Direktoriumsmitgliedern der neu geschaffenen Europäischen Zentralbank. Für diese Position wurde er – nur noch dem ersten EZB-Präsidenten, dem Niederländer Wim Duisenberg, wurde diese Zeitspanne eingeräumt – mit der höchstmöglichen Amtszeit von acht Jahren bestellt. Nach dem Ausscheiden aus seinem EZB-Amt berichtete Issing in seinem 2008 erschienenen Buch „Der Euro – Geburt, Erfolg, Zukunft" von seinen Jahren in Frankfurt.

Immer wieder erinnert er an die festgeschriebene Unabhängigkeit der neuen und in dieser Form noch nie dagewesenen Bank. Das Vorbild, nach dem sie gebaut werden sollte, lag vor Augen: Die Wertschätzung der Deutschen für die Deutsche Bundesbank war ebenso langanhaltend wie überwältigend. Keine andere Institution hatte solches Ansehen bei der Bevölkerung. Weil die Sorge um die Stabilität des neuen Geldes in Deutschland die Bürgerinnen und Bürger bewegte wie in keinem anderen Euro-Land, musste schon aus innenpolitischen Gründen die EZB nach deutschem Vorbild geschaffen und auch noch auf deutschem Boden, in Frankfurt am Main, angesiedelt werden. Nur einer europäischen Zentralbank nach deutschem Muster traute man die bisher von größter Unabhängigkeit geprägte Aufgabe der Wahrung der Preisstabilität zu. Über die heimischen Grenzen hinaus galt die Deutsche Bundesbank weltweit als Modell für eine erfolgreiche Politik der Stabilität.

Issing erinnert daran, dass nicht alle Seiten gleichermaßen an der absoluten Unabhängigkeit der EZB interessiert waren. Schon im Entstehungsprozess gab es Stimmen, welche die EZB nicht unbedingt auf eiserner Stabilität und fern von politischen Einflüssen errichten wollten. Frankreichs Staatspräsident Francois Mitterrand ließ sich im Vorfeld des Maastricht-Referendums in seinem Land mit relativierenden Anmerkungen hören. Mitterands ebenfalls damals in Erinnerung an den Versailler Vertrag von 1919 gesprochener und zur Beruhigung seiner Landsleute gedachte Satz, dass der Euro für Frankreich „Versailles ohne Krieg" sei, spielte in der deutschen Euro-Diskussion jedenfalls keine Rolle. Was im Rückblick zu bedauern ist! Zehn Jahre später forderte der damalige deutsche Finanzminister und SPD-Vorsitzende Oskar Lafontaine, in beiden Ämtern nur kurzfristig tätig, mehrfach „beschäftigungsorientierte" Maßnahmen, unbekümmert um die Verpflichtung der Politik, sich jeder Einflussnahme auf die EZB zu enthalten.

Neun Jahre nach der Gründung konnte Issing der EZB den Stabilitätserfolg bestätigen – die Geldentwertungsrate in den Ländern der Eurozone lag mit 2,06 Prozent unter dem jährlichen früheren Inflationsdurchschnitt, als es noch verschiedene Währungen gab. „Ohne stabiles Geld kann es auf Dauer keine stabile Gesellschaft freier Bürger geben", stellte Issing 2008 selbstbewusst fest und verwies auf Lenin und dessen Satz: „Um die bürgerliche Gesellschaft zu zerstören, muss man ihr Geldwesen verwüsten." In der Europäischen Währungsunion gelte dieser Satz womöglich mit noch größerer Berechtigung als in den Grenzen des Nationalstaates. Denn, so Issing: „Schließlich verkörpert das einheitliche Geld in besonderer Weise eine Gemeinsamkeit der Teilnehmer. Nur ein stabiler Euro kann identifikationsstiftend wirken, Misstrauen in die Stabilität der gemeinsamen Währung müsste auch das Vertrauen in ‚europäische Gemeinsamkeit' untergraben."

Mit dem Stabilitätspakt, vor allem von deutscher Seite gefordert und von Bundeskanzler Helmut Kohl und Finanzminister Theo Waigel gegen die starke Ablehnung anderer Länder durchgesetzt, sollte die notwendige Haushaltsdisziplin in den Euroländern erzwungen werden. Der Gesamtschuldenstand eines Landes sollte 60 Prozent des Bruttosozialprodukts und das jährliche Haushaltsdefizit 3 Prozent nicht übersteigen. Otmar Issing hat hierzu seine Skepsis schon vor dem Start der Währungsunion zum Ausdruck gebracht: „Die Entscheidung im Verfahren liegt auf der europäischen Ebene in der Hand der Regierungen, die gegebenenfalls zu Hause gegen die Regeln verstoßen. Wie kann man erwarten, dass potenzielle Sünder über aktuelle Sünder richten?"

Gleichwohl war das deutsche EZB-Direktoriumsmitglied betroffen davon, dass gerade Deutschland im Verein mit Frankreich gegen die Regeln des Paktes verstoßen hat. Gerhard Schröder und sein Finanzminister Hans Eichel hatten sich mit den Regierungskollegen in Paris, als eigentlich der „Blaue Brief" aus Brüssel fällig gewesen wäre, zum Vertragsbruch zusammengetan. Im Windschatten folgte Italien, auch Griechenland ließ nicht lange auf sich warten. Issing: „Damit haben die drei größten Länder der Währungsunion einschließlich des Landes, das seinerzeit gegen großen Widerstand den Stabilitäts- und Wachstumspakt durchgesetzt hat, die Axt an einen der Pfeiler der Währungsunion gelegt." Schlechte Beispiele verderben die Sitten: Wenn schon Deutschland und Frankreich glaubten, sich nicht an den Stabilitäts- und Wachstumspakt halten zu müssen, warum sollten das andere und kleinere Länder tun, denen Haushaltsdisziplin noch schwerer fällt? Übrigens: Schon die Aufnahme Italiens in die Eurozone war, weil das Land zum Zeitpunkt seiner Aufnahme einen Schuldenstand von 122 Prozent des Bruttosozialprodukts aufwies, ein glatter Verstoß gegen die Regeln. Dazu passt, dass Romano Prodi, glückloser europäischer Kommissionspräsident und gescheiterter italienischer Ministerpräsident, den Stabilitätspakt mit dem Adjektiv „stupide" abqualifizierte.

So stand der Euro von Anfang an in der schlimmen Tradition des Vertrags- und Rechtsbruchs. Beim Beitritt Griechenlands kam es dann zu einem Paradebeispiel des Betruges und der Täuschung. Im Vorfeld der Eurogründung lag Griechenland bei den beiden Konvergenzkriterien langfristiger Zins und Finanzierungssaldo auf dem letzten Rang unter den damaligen Mitgliedern der Europäischen Union, beim Schuldenstand nahm es den drittletzten Platz ein. Beim Start des Euro war Athen also konsequenterweise nicht dabei. Dann ereignete sich offensichtlich ein Wunder: Zwei Jahre später meldete Griechenland einen beeindruckenden Finanzierungssaldo von nur noch 1,6 Prozent. In Brüssel stellte man sich blind und taub, 2001 trat das Land dem Euro bei, obwohl man überall wusste, zumindest wissen musste und konnte, dass das Land von der Erfüllung auch nur eines einzigen Beitrittskriteriums Lichtjahre entfernt war.

Das Zahlenwerk, mit dem Griechenland seine angebliche Beitrittsfähigkeit darlegte und seine Aufnahme in den Euroraum bewerkstelligte, war ein Meisterwerk, aber leider nur an Lug und Trug. 2004 dann gab die neue konservative Regierung in Athen zu, dass die abgewählte sozialistische Regierung vier Jahre vorher die staatlichen Bilanzzahlen gefälscht hatte. Für Athen blieb das Eingeständnis solchen betrügerischen Verhaltens ohne Konsequenzen. Ein Ausschluss oder Austritt des Landes, der damals für Griechenland selbst, aber auch für die Eurozone hätte weit weniger schmerzlich und folgenreich vonstatten gehen können, wurde nicht einen Augenblick ernsthaft in Erwägung gezogen. Brüssel war extrem gütig und nachsichtig. Der geständige Sünder erhielt Zuspruch von Kommissionspräsident Barroso, der die Regierung ob ihrer Ehrlichkeit lobte und ihre „mutigen Schritte" würdigte – also das Eingeständnis eines ungeheuerlichen und bis dahin auf der europäischen Ebene noch nicht dagewesenen Betruges. Barroso hoffte gegen jede Wahrscheinlichkeit, dass Athen bis 2006 seine Finanzverhältnisse würde in Ordnung bringen können. Die gegenläufige Entwicklung begann: Lag 2006 das Haushaltsdefizit noch bei 5,7 Prozent, so stieg es 2008 auf 9,8 Prozent, um 2009 dann aberwitzige 15,8 Prozent zu erreichen. Die wiederum neue Regierung – die Konservativen hatten erneut die Sozialisten abgelöst – musste den Offenbarungseid leisten. Die Eurokrise nahm ihren Anfang, und sie hält nach wie vor an.

„Rettungspakete" die geschnürt, „Rettungsschirme", die aufgespannt werden – der Sprachgebrauch täuscht in der damit signalisierten Zielrichtung. Es geht nicht darum, die armen südeuropäischen Problemländer zu retten. In Wahrheit geht es darum,

Banken und Anleger zu retten und ihnen die Risiken ihres Investments abzunehmen. Dazu hat Ex-EU-Kommissar Günter Verheugen das Notwendige mit der notwendigen Klarheit gesagt: „Wir sollten uns keine Illusionen machen, um was es bei Griechenland-Rettung und Portugal-Paketen geht. Der Begriff ist vollkommen falsch. Es ging niemals um die Rettung Griechenlands. Es ging immer um die Rettung bestimmter Banken, bis auf den heutigen Tag, insbesondere französische, auch spanische, auch mindestens einige große deutsche. Es ging immer darum zu vermeiden, dass wegen der Zahlungsunfähigkeit in einigen Eurostaaten Banken in eine noch größere Schieflage geraten, als sie es schon sind, mit all den verheerenden Folgen, die das haben kann. Weil eben bisher die wirklichen Konsequenzen, die richtigen Konsequenzen unserer Bankenkrise noch nicht gezogen sind."

Was seit dem offenen Ausbruch der Griechenland-Krise um und mit der europäischen Währung geschehen ist und welche Aktivitäten die Europäische Zentralbank seither an den Tag legt, hat die Sicht der Euro-Architekten doch deutlich verändert. Im Schlusskapitel seines Euro-Buches von 2008 hatte der Insider Issing immerhin noch „Europa am Scheideweg" gesehen. Inzwischen meldet er sich in großer Häufigkeit mit Bedenken und Kritik zu Wort. Vor Jahren schon hatte Otmar Issing auch die Risiken der gemeinsamen Währung genannt, verursacht durch den politischen Umgang mit ihr. So sei die Finanzpolitik den überzeugenden Beweis dafür schuldig geblieben, den selbstgesetzten Regeln des Stabilitäts- und Wachstumspaktes durchgängig zu entsprechen.

Eine besondere Gefährdung der Währungsunion sieht Issing mit seiner EZB-Erfahrung in Bestrebungen, die EU in Richtung eines Wohlfahrtsstaates mit tiefgreifenden sozialen Schutzrechten auszubauen. Seien diese erst einmal vertraglich fixiert, werden Revisionen selbst im Falle eklatanter Probleme kaum mehr durchzusetzen sein, da es immer eine Gruppe von Ländern geben wird, die vom dann erreichten Status quo profitieren. Deshalb: „Es führt kein Weg an der Erkenntnis vorbei: Die Idee einer europäischen Sozialunion mit umfangreichen Schutzrechten, die die Rigiditäten der Arbeitsmärkte verfestigen statt sie abzubauen, ist mit einer Währungsunion stabilen Geldes nicht vereinbar." Für Issing gibt es auch den in der Politik immer wieder aufgebauten Gegensatz zwischen der Förderung sozialer Anliegen und der Politik stabilen Geldes nicht: „Inflation geht immer vor allem zu Lasten der sozial Schwachen, derer, die sich nicht gegen die willkürlichen Verteilungswirkungen der Inflation schützen können. Eine Gesellschaft freier Bürger kann nur auf der Basis des Vertrauens in den Staat und seine Institutionen Bestand haben. Dazu zählt nicht zuletzt auch das Vertrauen in die Stabilität der Währung." Er nennt hier ein Beispiel: „Wie können Bürger verlässlich eine private Altersversorgung aufbauen, wenn sie sich nicht darauf verlassen können, dass die Währung, in der sie ihr Vermögen anlegen, auch noch in 10, 20 und 30 Jahre ihren Wert hat."

In einem 2012 erschienen „Wirtschaftsmanifest" und seither in vielen Interviews äußerte Otmar Issing seine Euro-Sorgen. Sie kreisen immer wieder um die No-Bail-Out-Klausel, weshalb er an seiner harten Position keinen Zweifel lässt: „Haftung dort, wo die Schwierigkeiten verursacht werden. Die einzelnen Länder müssen ihre Probleme lösen. Wenn Spanien Probleme mit seinen Banken hat, dann muss der Staat eben um Hilfe bitten, aber der Staat muss dann auch dafür garantieren. Es geht doch nicht, dass die Gemeinschaft für Gelder haftet, die zur Rettung spanischer Banken eingesetzt werden. Das ist eine geradezu absurde Vorstellung."

Otmar Issing widerspricht auch, wenn die Politik „der Spekulation" die Schuld an der anhaltenden Finanzkrise geben, sich selbst aber von Schuld freisprechen will. Vor allem im Zusammenhang mit dem Fall Griechenland geht nach Issings Meinung die „Mär", dass die Spekulation das Land an den Abgrund getrieben habe, und dass es dieselbe Spekulation gewesen sei, die ihre Generalattacke gestartet habe, um den Euro zu Fall zu bringen. Längst ehe das Gerede von der gegen Griechenland gerichteten Spekulation aufkam, war hinlänglich bekannt, dass sich das Land mit einer durch und durch verfehlten Wirtschaftspolitik und einem abgrundtiefen Ausmaß an Korruption auf einem immer abschüssigeren Weg in den Bankrott befand. Als das ganze Ausmaß der betrügerischen Haushaltskosmetik aufflog, gab es kein Halten mehr. Issing fragt, ohne eine Antwort darauf zu bekommen: „Ist es Spekulation zu nennen, wenn Pensionsfonds und Lebensversicherungen versuchen, griechische Anleihen abzustoßen, um Schaden von ihren Versicherten abzuwenden? Man kann sich leicht die Kritik derer vorstellen, die heute von Spekulation sprechen, wenn Pensionsfonds, Versicherungen und andere Finanzinstitute nicht so gehandelt hätten und später ihre Verluste auf die Versicherten abgewälzt hätten." Die Mär von der Spekulation als Krisenursache jedenfalls führe in die Irre.

In Sachen Preisstabilität haben der Euro und die EZB ihr Versprechen eingelöst. Aber, so Issing: „Das Drumherum, die Politik hat ihre Hausaufgaben nicht gemacht. Und hier ist eben diese Spannung, die daraus entsteht, dass es 11 und heute 18 souveräne Staaten sind, die sich selbst nicht diszipliniert haben, und die sich jetzt nicht damit abfinden wollen, was eine Grundlage der Währungsunion war, nämlich die No-Bail-Out-Klausel, wie sie verkürzt heißt, wonach kein Land Verpflichtungen für die Schulden anderer Länder übernimmt, was im Umkehrschluss heißt, jedes Land ist für die Politik verantwortlich, die es selber treibt." In diesem Zusammenhang kritisiert Issing auch die Politik von EZB-Präsident Draghi, im Zuge der Eurorettung einen unbegrenzten Mitteleinsatz anzukündigen: „Meine Erfahrung ist, dass, wenn man Geld ins Fenster stellt, man morgen noch mehr braucht; denn der politische Prozess ist nun einmal so organisiert, dass, wenn es Mittel gibt, man die auch sehr bald benötigen wird. Das Geld wird dann nie reichen. Deshalb ist Widerstand von deutscher Seite gegen die ständige Ausweitung von Fonds durchaus gerechtfertigt. Schließlich steht Deutschland bereits mir riesigen Summen in der Haftung."

No-Bail-Out – der exakte Inhalt des in der Eurorettungs-Debatte ständig verwendeten englischen Begriffes findet sich im Vertrag über die Arbeitsweise der Europäischen Union in Artikel 125 mit der eindeutigen Überschrift „Haftungsausschlüsse": „Die Union haftet nicht für die Verbindlichkeiten der Zentralregierungen, der regionalen oder lokalen Gebietskörperschaften oder anderer öffentlich-rechtlicher Körperschaften, sonstiger Einrichtungen des öffentlichen Rechts oder öffentlicher Unternehmen von Mitgliedstaaten und tritt nicht für derartige Verbindlichkeiten ein. Dies gilt unbeschadet der gegenseitigen finanziellen Garantien für die gemeinsame Durchführung eines bestimmten Vorhabens. Ein Mitgliedstaat haftet nicht für die Verbindlichkeiten der Zentralregierungen, der regionalen oder lokalen Gebietskörperschaften oder anderen öffentlich-rechtlichen Körperschaften, sonstiger Einrichtungen des öffentlichen Rechts oder öffentlicher Unternehmen eines anderen Mitgliedstaates und tritt nicht für derartige Verbindlichkeiten ein; dies gilt unbeschadet der gegenseitigen finanziellen Garantien für die gemeinsame Durchführung eines bestimmten Vorhabens."

Die Rechtslage ist klar. Zu fragen aber bleibt, wie es angesichts dieser Rechtslage sein kann, dass allein die Bundesrepublik Deutschland im Zuge der beschlossenen Eurorettungs-Beschlüsse – genauer gesagt: die deutschen Steuerzahler – mit Zusagen und Bürgschaften in Höhe von Hunderten von Milliarden Euro genau in dieser Haftung steht, die von diesem Artikel 125 ausdrücklich ausgeschlossen ist. Nimmt man hinzu, dass andere Eurostaaten, die durch eigene falsche Politik und eigenes Versagen in den finanziellen Abgrund gestürzt sind, von Deutschland noch weit mehr an Zusagen und Bürgschaften fordern, stockt der Atem. Rechts- und Vertragsbruch beim Stabilitäts- und Wachstumspakt, Rechts- und Vertragsbruch bei der No-Bail-Out-Klausel: Wo bleibt die rechtsstaatliche Grundlage der Union? Dass die Gemeinschaft europäischer Völker in erster Linie eine auf das Recht gegründete Union sein muss, galt einst als Selbstverständlichkeit. Diese auch bei der gemeinsamen Währung verbindlich geltende Rechtsorientierung ist offensichtlich das Papier nicht wert, auf dem sie steht. Und es fehlt nicht an herausragenden politischen Köpfen, die sich in aller Ungeniertheit zum Rechtsbruch als Instrumentarium ihres Handelns bekennen. Prominente Vertreterin dieser Spezies ist Christine Lagarde, einst französische Außenministerin und seit geraumer Zeit Präsidentin des Internationalen Währungsfonds (IWF). Ihr Leitsatz: „Wir verletzten alle Rechtsvorschriften, weil wir einig auftreten und wirklich die Eurozone retten wollen."

Thilo Sarrazin, als Spitzenbeamter wie als Politiker aktiv bei der Entwicklung der gemeinsamen europäischen Währung dabei, bewertet und erklärt solches Verhalten: „Es ist leider so: Vertragliche Bestimmungen, bei denen die Vertragspartner einig sind, dass sie nicht beachtet werden sollen oder eigenwillig interpretiert werden können, laufen leer. Das gilt insbesondere dann, wenn eine Institution fehlt, die die Zuständigkeit und ausreichende exekutive Vollmachten hat, die Beachtung von Vorschriften zu erzwingen. Theoretisch könnte dies gegenüber den Mitgliedstaaten die Europäische Kommission sein. Im Falle der Rettungsschirme stand sie allerdings selbst auf der Seite der Rechtsbrecher und hatte dies durch ein Rechtsgutachten ihres Wissenschaftlichen Dienstes sogar untermauert."

Wie Otmar Issing und Thilo Sarrazin gehörte auch Jürgen Stark zu den Spitzenbeamten, die an der Schaffung des Euro intensiv mitgearbeitet haben. So schlug denn die Nachricht in der Finanzbranche und in der Politik wie eine Bombe ein, als Stark im September 2011 von seinem Amt als Chefvolkswirt der Europäischen Zentralbank – in diesem Amt war er Nachfolger von Issing – zurücktrat. Er sah sich nicht in der Lage, die Politik der EZB unter ihrem Präsidenten Jean-Claude Trichet weiter mitzuverantworten. Ausgestattet mit reicher beruflicher Erfahrung – Spitzenbeamter und Staatssekretär im Bundesfinanzministerium und Vizepräsident der Deutschen Bundesbank – war Stark 1996 zur EZB gekommen. In der Begründung für seinen dramatischen Schritt warf Stark der EZB vor, in der Eurokrise und ihrer Bekämpfung das Mandat der Bank ins Extreme gedehnt zu haben. Er sprach vom Risiko, da die EZB wegen ihrer Aufkäufe auf dem Anleihemarkt zunehmend „unter fiskalischer Dominanz operiere". Stark hielt es für eine „Illusion zu glauben, dass die Geldpolitik große strukturelle und fiskalische Probleme in der Eurozone lösen kann". Wann immer sich eine Notenbank der Haushaltspolitik untergeordnet habe, habe sie Zugeständnisse bei ihrer eigentlichen Aufgabe, der Geldwertstabilität, machen müssen.

Als Jürgen Stark im September 2013 nach der Dauer der Euro-Krise gefragt wurde, räumte er zwar Fortschritte bei Haushaltskonsolidierung und Strukturreformen ein, rügte aber, dass die durch die EZB gekaufte Zeit nur unzureichend genutzt worden sei: „Die kritische Masse an Reformen ist in den wenigsten Ländern erreicht worden. Selbstzufriedenheit und Reformmüdigkeit gefährden nun das Erreichte. Weniger als die Hälfte der Wegstrecke liegen hinter uns." Auch die Bundesregierung kommt in der Kritik von Stark nicht ungeschoren davon, nicht nur, weil sie schon 2003 die Haushaltsregeln des Stabilitäts- und Wachstumspaktes missachtet habe: „Im Krisenmanagement hat Deutschland wichtige Regeln und Prinzipien des Maastricht-Vertrages geopfert." Die Konsequenz: „Wir haben heute eine andere Union als im Maastricht-Vertrag vorgesehen. Ja, aus der beabsichtigten Stabilitätsunion ist eine Haftungs- und Transferunion geworden. Aber das wurde von den anderen Ländern auch angestrebt." Dennoch hält Stark die Euro-Einführung für richtig. Allerdings sei sie in Ländern eingeführt worden, „von denen man wissen konnte, dass sie eine einheitliche Währung überfordert".

Zu fragen bleibt hier, warum man den Euro auf den Kreis seiner heutigen Teilnehmer ausgedehnt hat, wenn die Gewissheit, dass zumindest einige davon überfordert sein würden, von Anfang an feststand. Aus seinen Einsichten in die Vergangenheit zieht Jürgen Stark seine Schlussfolgerung über die Zukunft der Eurozone. Nach einer Erweiterungspause, in der man eine klare Perspektive über die Weiterentwicklung Europas gewinnen müsse, hält er es für wahrscheinlich, dass einzelne Länder die Währungsunion verlassen, weil sie deren Anforderungen nicht gewachsen sind und nicht auf dauerhafte externe Finanzierung rechnen können. Dies würde, so Stark, die Glaubwürdigkeit des Euro stärken. Warum in den Euro-Staaten die jetzt Regierenden sich dieser einleuchtenden Einschätzung eines unbestrittenen Fachmannes, wie Jürgen Stark einer ist, nicht anschließen, bleibt unerfindlich. Besteht doch ein großer Teil der anhaltenden und von einer tragfähigen Lösung noch weit entfernten Euro- und Finanzkrise in Europa darin, dass offensichtlich Unvereinbares in einer gemeinsamen Währung krampfhaft zusammengehalten werden soll. Offensichtlich verweigert man sich der Einsicht, dass der Euro keine Glaubensfrage, sondern eine Sache von Zahlen und Fakten ist.

Es gibt den Satz, dass Völker, die eine gemeinsame Währung haben, nicht aufeinander schießen. Das ist ebenso richtig wie gut. Richtig und gut ist aber auch, dass die Völker, die der über viele Vorstufen entstandenen europäischen Union angehören, auch in jenen langen Jahrzehnten, ehe es den Euro gab, nicht aufeinander geschossen haben. Den Euro zu einer Krönung des europäischen Friedenswerkes, das in der Tat der größte Segen für die Menschen in Europa ist, zu überhöhen, ist gut gemeint, entspricht aber nicht der Realität. Eher gilt, dass unter den Völkern Europas seit Einführung des Euro und seit der tiefen, immer noch wirksamen und noch längst nicht gelösten Finanzkrise eine, vorsichtig ausgedrückt, gereizte Stimmung herrscht, die nicht nur gelegentlich in Feindseligkeit umschlägt. Dann ist auch der Weg zum Hass nicht mehr weit. Was sich Deutschland im Allgemeinen und Bundeskanzlerin Angela Merkel haben gefallen lassen müssen, weil sich die Bundesregierung geweigert hat, Deutschland zum allgemeinen und bedingungslosen Selbstbedienungsladen auszurufen und die deutschen Kassen für den europäischen Jedermann zu öffnen, ist bedrückend und empörend zugleich.

Deutschland ist Hauptzahler in der Europäischen Union und als größter Teilhaber der Europäischen Zentralbank auch hier das Land mit den größten Pflichten und Lasten. Im Rahmen aller Rettungsaktionen und noch so großer Schirme nimmt Deutschland beim Zahlen und Bürgen die unangefochtene Spitzenrolle ein. Dennoch zieht es weit überwiegend nur frostige Ablehnung und bösartige Polemik auf sich. Die deutsche Bundeskanzlerin in SS-Uniform und als Hitler-Zerrbild gehörte zur Grundausstattung von Demonstranten in Lissabon und Athen, aber auch in Italien und sogar in Frankreich. Zusätzlich erschreckend, dass es auch in der politischen Führungsklasse Europas nicht an Tönen gegen Deutschland fehlte, die jedenfalls aus Vor-Euro-Zeiten nicht in Erinnerung sind. Weil es allemal bequemer ist, für selbst verschuldete Schwierigkeiten und Probleme andere verantwortlich zu machen und sich vor allem der Notwendigkeit zu entheben, sich mit eigener Kraft und unter eigenen Opfern aus der Not zu helfen, wird Deutschland zum Sündenbock gemacht.

Ein Thema, das in der Euro- und Finanzdebatte immer wieder auf die Tagesordnung kommt, sind die sogenannten Eurobonds. Die Haftung durch gemeinsam begebene europäische Anleihen wäre die endgültige Beseitigung der No-Bail-Out-Klausel des Artikels 125 des Vertrages und der ultimative Rettungsschirm. Eurobonds wären, wie Peter Gauweiler es eindringlich darstellt, die an alle Europäer verteilte deutsche Scheckkarte mit dem selbstverständlichen Zugriff auf das deutsche Konto. Seit Jahren sind diese Bonds für all jene das Traumziel, die nicht dazu in der Lage sind, ihre eigenen Probleme selbst zu bewältigen. Selbstverständlich sind alle südeuropäischen Krisenstaaten für diese bequemste und sie jeder eigenen Anstrengung befreiende Lösung. Selbstverständlich ist auch Frankreich dafür, selbstverständlich auch die Europäische Union, die auf diesem Weg auch mehr finanzielle Zuständigkeit über das europäische und damit vor allem über das deutsche Geld erwartet. Dass auch Teile der Bankenwelt und die meisten institutionellen Großinvestoren für Eurobonds sind, liegt auf der Hand, wären sie doch eine wahrlich risikolose Anlageform, weil sogar für den Fall eines Auseinanderbrechens des Euroraums die Bundesrepublik Deutschland mit ihrer starken Finanzkraft dahinter stünde. Wie lange diese deutsche Finanzkraft bei europäischer Überbeanspruchung dann noch Bestand hätte, steht auf einem anderen Blatt.

Warum diese Länder und Kräfte für Eurobonds sind, mag noch einleuchten, warum auch innerhalb Deutschlands die SPD, die Grünen und – man ist versucht zu sagen: selbstverständlich – die internationalistische Linke für Eurobonds sind, ist eigentlich unerfindlich. Mögen die Linken und die Grünen mit ihrem absonderlichen Wirtschafsbild und ihrem

Verteilungswahn den Deutschen die mit den Eurobonds verbundenen Lasten voller Begeisterung aufbürden! Was die SPD treibt, bleibt rätselhaft. Die SPD als einstmals große Partei der Arbeitnehmer müsste wissen, dass gerade diese Arbeitnehmer es sind, die mit ihren Steuern jene Milliarden aufzubringen haben, die in ganz Europa verteilt werden sollen. Angesichts des Drucks, der von einer starken und geschlossenen Front von Eurobonds-Befürwortern auf sie seit Jahren ausgeübt wird, verdient Bundeskanzlerin Merkel allen Respekt dafür, dass sie hier nicht nachgegeben hat und auch nicht nachgibt. Es gehört zu den großen Pluspunkten des gern kritisierten Koalitionsvertrages von CDU, CSU und SPD, dass darin Eurobonds eine klare Absage erteilt wird.

Thilo Sarrazin, mutiger, kluger und vielgeschmähter Einzelgänger, dessen Fachkompetenz in Sachen gemeinsamer europäischer Währung nicht ernsthaft bestritten werden kann, stellt eine bemerkenswerte Frage: „Wie kann es sein, dass der ganze europäische Wiederaufbau seit 1945, der gewaltigste Wohlstandszuwachs der Menschheitsgeschichte und eine der längsten Friedensperioden, die es je in Europa gab, 60 Jahre lang weder eine gemeinsame Währung zur Voraussetzung hatten, noch die Notwendigkeit mit sich brachten, für die Staatsschulden anderer Länder aufzukommen? Plötzlich aber sollen Wohlstand und Friede in Europa nur möglich sein, wenn es nicht nur eine gemeinsame Währung gibt, sondern auch eine gemeinsame Staatskasse, bei der am Ende jedes Land für die Rechnungen aller anderen bürgt?" Einleuchtende Antworten auf diese Fragen fallen schwer.

Nicht nur beim Stabilitätspakt ist die Geschichte des Euro von Anfang an eine Geschichte des Vertragsbruchs. Nicht weniger gilt dies auch für den vollzogenen Schritt in die Haftungs- und Transferunion, ein Vorgang, der in klarem Widerspruch zum Artikel 125 des Vertrages steht, in dem die Haftung eines Staates für die Schulden anderer ausdrücklich ausgeschlossen ist. Und dieser Vertragsbruch findet auch statt, wenn die Europäische Zentralbank unter Mario Draghi auf Um- und Schleichwegen die Staatsfinanzierung besorgt, die ihr verboten ist. Durch diesen wiederholten und inzwischen zur Dauererscheinung gewordenen Bruch vertraglich vereinbarter Regeln über die gemeinsame europäische Währung ist von allen europäischen Akteuren Vertrauen in riesigem Ausmaß verspielt worden.

Eine Währung, die Bestand und Zukunft haben soll, braucht zu allererst das Vertrauen der Menschen! Beim Euro besteht hier dramatischer Nachholbedarf. Durch Vertragsbruch, der zur Regel geworden ist, wurde und wird dieses Vertrauen verspielt. Um es wieder zu gewinnen, bedarf es keineswegs immer neuer Regeln, Pakte und Verträge. Notwendiger ist, bestehendes Recht nach dem bewährten Grundsatz des „Pacta sunt servanda", Verträge sind einzuhalten, zu achten. Alle neuen Beschlüsse zur europäischen Währung begegnen der misstrauischen Frage, warum denn nun neue Regeln, ob sie Bankenunion, Fiskalunion oder sonst wie heißen, eingehalten werden sollten, wenn die alten ständig verletzt und gebrochen worden sind. Die politischen Akteure sind die gleichen.

Aber auch diejenigen, die mit hartnäckiger Kraft die Einhaltung der Verträge im Zusammenhang mit dem Euro und vertragsgemäßes Verhalten der Europäischen Zentralbank fordern, sind in ihrer unerbittlichen kritischen Wachsamkeit die gleichen. Wenn Bundestag und Bundesregierung ihre Rechte im Zusammenhang mit der Sicherung und Rettung des Euro nicht oder nur unzulänglich wahrnehmen, steht eine immer breitere kritische Öffentlichkeit auf und geht den Gang zum Bundesverfassungsgericht. Peter Gauweiler, Bundestagsabgeordneter und seit Herbst 2013 einer der stellvertretenden Vorsitzenden der CSU, ist dabei einer der unermüdlichen und unerschrockenen Wortführer. Sein jüngster Erfolg trägt das Datum des 7. Februar 2014.

An diesem Tag erging der Beschluss des Bundesverfassungsgerichts, das von Gauweiler und anderen angestrengte Verfahren gegen das Staatsanleihekaufprogramm der EZB auszusetzen und eine Entscheidung des Europäischen Gerichtshofs herbeizuführen. Für Peter Gauweiler und seinen Prozessvertreter Professor Dietrich Murswiek ist dies „ein zentraler Zwischenerfolg in unserem Kampf gegen die Aushöhlung der vom Grundgesetz gesicherten Demokratie durch supranationale Institutionen". Auch wenn Bundesregierung und Bundestag nach der Entscheidung aus Karlsruhe so taten, als ob alles zum Besten stünde: Beide Institutionen, Regierung und Parlament, hatten vor dem Bundesverfassungsgericht genau jenes Verhalten der EZB als rechtmäßig verteidigt, das nun von den obersten deutschen Richtern als vertragswidrig identifiziert worden ist. Die Praxis der EZB, mit gezielten Staatsanleihe-Käufen von Euro-Problemstaaten Risiken in Höhe immenser Milliardenbeträge in ihre Bilanz zu nehmen und damit das Ausfallrisiko von den Gläubigern der Problemstaaten auf die Gesamtheit der Eurostaaten umzuverteilen und auf diese Weise auch den Bundeshaushalt zu belasten, ohne den Bundestag als Volksvertretung vorher zu fragen, ist vertrags- und verfassungswidrig.

Peter Gauweiler ist zufrieden, dass seine Auffassung, wonach die EZB ihre geldpolitische Kompetenz überschreite, damit in die Souveränität der Eurostaaten übergreife und gegen das Verbot der monetären Staatsfinanzierung verstoße, vom Verfassungsgericht geteilt wird. Recht bekommen haben die Kläger vom Bundesverfassungsgericht auch darin, dass Bundestag und Bundesregierung offensichtliche Kompetenzüberschreitungen von EU-Organen nicht tatenlos hinnehmen dürfen, sondern verfassungsrechtlich verpflichtet sind, mit rechtlichen und politischen Mitteln dagegen vorzugehen.

Einen besonderen Erfolg sieht Gauweiler darin, dass das Bundesverfassungsgericht auch den Versuch der EZB und ihres Präsidenten Mario Draghi zurückgewiesen hat, die Staatsanleihekäufe mit einer „Störung des geldpolitischen Transmissionsmechanismus" zu rechtfertigen. Das Bundesverfassungsgericht hat den Verschleierungsversuch Draghis erkannt – die EZB finanziert in Wirklichkeit mit dem Geld der Steuerzahler überschuldete Staaten, betreibt auf diese Weise Umverteilung zwischen den Eurostaaten und so eine weitere Umverteilung zwischen den Gläubigern der überschuldeten Staaten – Großbanken, Großinvestoren und Großspekulanten – einerseits und den Steuerzahlern andererseits.

Dass das Bundesverfassungsgericht noch keine endgültige Entscheidung getroffen, sondern die Sache dem Europäischen Gerichtshof in Luxemburg vorgelegt hat, resultiert aus der Zuständigkeit des Europäischen Gerichtshofes für die Auslegung der EU-Verträge. Peter Gauweiler und Professor Murswiek hatten selbst in ihrer Klage eine Vorlage an den Europäischen Gerichtshof angeregt. Jetzt sei es Sache der Luxemburger Richter, auf Grund ihrer primären Zuständigkeit für die Kontrolle der Rechtmäßigkeit des Handelns der EZB, die im Vertrag von Maastricht formulierte und im Vertrag über die Arbeitsweise der Europäischen Union festgelegte europäische Währungsverfassung gegen die Machtanmaßungen des von Präsident Mario Draghi geführten EZB-Rates zu verteidigen.

Ein Ende des Kampfes um Europa und den Euro muss das noch nicht bedeuten. Peter Gauweiler: „Sollte der Europäische Gerichtshof dieser Aufgabe nicht gerecht werden, liegt das letzte Wort beim Bundesverfassungsgericht." Und der politische Kampf hört sowieso nicht auf.

Brüssel entmachten:
Der Aufstand der Niederlande als Beispiel

Es wäre mehr als eine noble Geste, es wäre auch ein Hilferuf, wollte die Bundesregierung der Regierung des Nachbarn Niederlande eine Dankadresse schicken: In einer Zeit, in der von vielen Seiten und selbstverständlich auch von der Europäischen Kommission her ein Ansturm auf die deutschen Sozialkassen auf immer breiterer Front erfolgt, könnte Berlin Ermutigung in einem grundsätzlichen Europa-Papier der von Rechtsliberalen und Sozialdemokraten in Den Haag gebildeten Koalition finden. Ohne größere Schlagzeilenwirkung hatte die 2013 gebildete Regierung des rechtsliberalen Regierungschefs Mark Rutte und seines sozialdemokratischen Stellvertreters Lodewijk Asscher unter der harmlosen Überschrift „Inventarisierung der EU-Rechtsvorschriften in Bezug auf Subsidiarität und Verhältnismäßigkeit" vorgelegt, ergänzt durch eine „Liste der Aktionspunkte der niederländischen Regierung" zu diesem Thema. Bei genauerer Lektüre entpuppt sich dieses Dokument als ein Leitfaden zur Rückführung angemaßter europäischer Zentralmacht in die Zuständigkeit der einzelnen Mitgliedstaaten der EU. Selten ist der Herrschaftsanspruch der Europäischen Kommission so scharf in die Schranken gewiesen worden. Europa soll künftig nur das tun dürfen, was unbedingt seine Sache ist. Jeder Neueroberung von Kompetenzen durch Brüssel soll ein Ende gesetzt werden. Was hier stattfindet, ist geradezu ein Aufstand der Niederlande.

Einer der Punkte handelt dabei von dem Thema, das seit Beginn des Jahres 2014 die innenpolitische Diskussion in Deutschland in großer Schärfe und Breite bestimmt, die Zuwanderung in die deutschen Sozialsysteme. Seit sich der Koalitionsvertrag in Berlin und in besonderer Weise die CSU hier der bedenklichen und nach Abhilfe rufenden Entwicklungen angenommen haben, wird nach Auswegen gesucht. Wie üblich droht für Deutschland auch Unheil aus Brüssel: Mit der ihr eigenen Art der Macht- und Kompetenzbeanspruchung hat die Europäische Kommission dem Europäischen Gerichtshof in einer Stellungnahme mitgeteilt, dass Bürgerinnen und Bürger aus anderen EU-Staaten selbstverständlich Anspruch auf deutsche Hartz-IV-Leistungen haben müssten.

Brüssel stellt damit eine zentrale Vorschrift im deutschen Sozialgesetzbuch in Frage. Diesem europäischen Eingriff in einen politischen Kernbestand der Nationalstaaten halten die Niederlande eine klare Position entgegen. Die Nachteile der Arbeitsmigration müssten konkret bekämpft werden, darunter der Missbrauch der Sozialsysteme von Mitgliedstaaten, die hiervon besonders betroffen sind. Dann wird Den Haag grundsätzlich: „Die Niederlande sind der Ansicht, dass eine verstärkte Harmonisierung der Sozialsysteme nicht angestrebt werden sollte. Europa koordiniert und ergänzt die nationale Politik der Mitgliedstaaten, jedoch müssen diese die ihren Arbeitsmärkten und Sozialsystemen zugrunde liegenden Prinzipien – einschließlich ihrer finanziellen Ausgeglichenheit – selbst ausgestalten. Die Entscheidungen müssen auf nationaler Ebene getroffen werden."

Das ist eine deutliche und erfrischende Sprache. Sie findet sich in jedem der 54 Aktionspunkte, die unmittelbar nach der Regierungsbildung in Den Haag von allen Ministerien, von Sachverständigen und Verbänden ausgearbeitet worden sind. Die Zielrichtung dieser Analyse samt Schlussfolgerungen war klar: Sie bezieht sich zum einen auf Rechtsvorschriften, die aus Sicht der Niederlande, basierend auf dem Prinzip der Subsidiarität, künftig besser wieder auf einzelstaatlicher Ebene formuliert werden sollen. Es geht um Vorschriften, die nach Meinung der niederländischen Regierung auf eine Art und Weise ausgestaltet wurden oder ausgestaltet zu werden drohen, die über das hinausgeht, was nach dem Grundsatz der Verhältnismäßigkeit erforderlich ist, um die angestrebten Ziele zu erreichen. Die Aktionspunkte betreffen Themen, die man lieber auf andere Art behandelt sehen will als bisher üblich. Sie sollen mit der Europäischen Kommission besprochen, bei den anderen Mitgliedstaaten soll Unterstützung für die eigenen Positionen gesucht werden.

Den 54 einzelnen Punkten schickt Den Haag eine Reihe interessanter Empfehlungen voraus, die bei ihrer Verwirklichung die europäische Praxis einschneidend zum Besseren verändern würde. Schon der erste eigentlich selbstverständliche Satz, dass jegliches Handeln der EU auf einer eindeutigen Rechtsgrundlage in den Verträgen zu begründen sei, würde unangemessenes Ausgreifen der Kommission stoppen können. Noch deutlicher die nächste Empfehlung: Ist für ein bestimmtes Politikfeld in den Verträgen keine Zuständigkeit für die EU festgelegt und kann die Kommission deshalb keine Rechtsvorschriften vorschlagen, hat diese grundsätzlich auf die Formulierung auch nicht verbindlicher Mitteilungen oder Empfehlungen zu verzichten und darf sich auf diesem Feld auch nicht anderweitig engagieren. Dem Wettlauf der 28 Kommissare um den größtmöglichen Bürokratie-Ausstoß wäre damit ein Riegel vorgeschoben. Eine weitere Empfehlung: In den Bereichen, in denen viele Mitgliedstaaten auf Grund des Subsidiaritätsprinzips Vorbehalte gegen EU-Vorschriften haben, soll der Verzicht der Kommission auf weitere Initiativen in dieser Sache vereinbart werden. Wichtig der Hinweis, dass sich europäische Rechtsvorschriften möglichst auf die Skizzierung von Leitlinien und Zielen beschränken sollten, detaillierte Vorgaben sind zu unterlassen. Zu viele Details und zu viel erzwungene Einheitlichkeit in EU-Vorschriften können unerwünschte Auswirkungen auf nationale Durchführungsmodalitäten und Kosten haben. Deshalb: Ablehnung.

Die Kommission soll mit ihren Plänen enger an die Wirklichkeit gebunden werden – deshalb sind Durchführungskosten, die sich auf europäischer wie nationaler Ebene aus EU-Rechtsvorschriften ergeben, von der Kommission möglichst exakt zu konkretisieren. Insgesamt müssen europäische Rechtsvorschriften einer strengen und genauen Folgekostenabschätzung unterworfen werden – offensichtlich scheint dies bisher nicht der Fall zu sein. Nach niederländischer Erfahrung gibt es eine Reihe von Rechtsvorschriften, die umfangreiche Konsequenzen für die Mitgliedstaaten haben, bei denen jedoch die Beteiligung auf einzelstaatlicher Ebene unzureichend ist. Diesem Missstand soll dadurch abgeholfen werden, dass die Mitgliedstaaten bei der Erarbeitung von Vorschriften, Richtlinien und Beschlüssen, deren Umsetzung und Durchführung sie betrifft, möglichst umfassend einbezogen werden.

Besonderen Respekt verdienen die Niederlande dafür, dass sie auch das heikle Thema Europäischer

Gerichtshof nicht auslassen, über dessen ausufernde europalastige Urteilspraxis sie offensichtlich ein starkes Unbehagen empfinden. „Wenn der Europäische Gerichtshof EU-Rechtsvorschriften auf eine Art und Weise interpretiert, die vom EU-Gesetzgeber nicht vorgesehen oder angestrebt wurden, muss dies durch eine Anpassung der jeweiligen Rechtsvorschriften so weit wie möglich behoben werden." Das ist stark und heißt, dass es kein Dauerzustand sein muss, Entscheidungen des Europäischen Gerichtshofs gewissermaßen als gottgegeben hinnehmen zu müssen. Veranlasst ist hier der niederländische Vorstoß durch die Erfahrung, dass sich durch eine Entscheidung des Europäischen Gerichtshofs Spannungsfelder zwischen den strategischen Zielen der Union und denen der Mitgliedstaaten aufgetan haben. Derartige Situationen sollen durch rechtzeitiges Handeln der an den nationalen und europäischen Gesetzgebungsprozessen beteiligten Akteure so weit wie möglich verhindert oder behoben werden.

Befugnisse so weit wie möglich auf nationaler und nur so weit wie nötig auf europäischer Ebene – nach dieser Zuständigkeitsteilung sind die 54 niederländischen Punkte zusammengetragen. Immer wieder wird die Abwehr europäischer Ansprüche gefordert. So auch beim ersten Punkt, bei dem es um die Möglichkeit geht, europäischen politischen Parteien eine europäische Rechtspersönlichkeit zu verleihen. Schon wieder will die EU über das erforderliche Regelungsmaß hinausgehen, weshalb grundsätzliche Bedenken bestehen, die Registrierung politischer Parteien mit inhaltlichen und organisatorischen Bedingungen zu verknüpfen. Die demokratische Gegenposition der Niederlande: Die Auffassungen und die Organisation von Parteien, so weit sie nicht im

Widerspruch zum Gesetz stehen, werden von den Wählern beurteilt.

Nachdrücklich kritisieren die Niederlande nach den Orientierungslinien von Subsidiarität und Verhältnismäßigkeit eine Reihe von Programmen, die aus dem EU-Haushalt finanziert werden, ohne einen nachweisbaren Mehrwert zu haben. Das sei beispielsweise nicht der Fall beim Globalisierungsfonds und auch nicht immer bei der Verwendung der Gelder aus den Strukturfonds, sofern sie nicht in den ärmsten Regionen der Mitgliedstaaten eingesetzt werden. Auf das Geld der europäischen Steuerzahler wird auch bei einem anderen Punkt geschaut: Aus der Sicht der Niederlande erfüllen die Vorschläge der Kommission bezüglich der jährlichen Gehaltserhöhung der EU-Beamten in den letzten Jahren das Kriterium der Verhältnismäßigkeit nicht, weil die Finanzkrise nicht berücksichtigt worden sei.

Wachsamkeit und kritisches Eingreifen in Geldsachen zeichnen das niederländische Rüge-Papier durchgehend aus. Ein hartes Nein setzt Den Haag dem von der Europäischen Kommission gekommenen Vorschlag entgegen, langfristig ein zentrales europäisches Budget mit einer konjunkturellen Stabilisierungswirkung für die Eurozone einzuführen. Die unerwünschte Folge einer solchen Einrichtung könnte sein, dass Länder die Risiken unzureichender Reformen auf die europäische Ebene abschieben, weshalb Konjunkturpolitik Sache der Nationalstaaten bleiben müsse. Auch das immer wieder aufflackernde Bestreben der Kommission, eigene europäische Steuern einzuziehen, ist von den Niederlanden stets mit Hinweis auf das Subsidiaritätsprinzip brüsk zurückgewiesen worden, Steuern seien eine Angelegenheit des Nationalstaates.

Obwohl schon 2005 eine von der Kommission vorgeschlagene Richtlinie über harmonisierte indirekte Steuern, insbesondere der Kraftfahrzeugsteuer, keine Mehrheit gefunden hatte, ließ die Kommission dieses Thema nicht ruhen. 2012 hat sie erneut eine Mitteilung über steuerliche Hindernisse in Bezug auf Personenkraftwagen veröffentlicht, um doch noch zu ihrem Ziel zu kommen. Die Position: Die Niederlande lehnen Initiativen für EU-Vorschriften auf diesem Gebiet ab. Verärgert ist man in Den Haag auch über einzelne Versuche der Kommission, Mitgliedstaaten mit Hilfe von Vertragsverletzungsverfahren zu zwingen, Unterschiede im Bereich der direkten Steuern zu beseitigen, obwohl diese zulässig sind. In diesem Kontext wird der Kommission vorgeworfen, selbst ein störendes Element zu sein: Weil die Kommission bei diesem eigentlich unzulässigen Vorgehen nicht alle betroffenen Mitgliedstaaten gleichzeitig ins Visier nimmt, bestehen in diesem Punkt keine gleichen und deshalb keine fairen Wettbewerbsbedingungen. So drängen die Niederlande bei der Kommission darauf, die nationale Autonomie der Mitgliedstaaten im Bereich der Steuern zu respektieren und die Unterschiede in den Systemen der direkten Steuern nicht länger mit Hilfe von Vertragsverletzungsverfahren zu bekämpfen.

Die niederländische Beschwerde- und Kompetenzrückführungs-Liste ist lang und vielfältig. Sie zeigt vor allem, wo überall die Europäische Union – und ihre treibende Kraft, die Kommission – sich Kompetenz anmaßt, sich Zuständigkeiten erschleicht und die Verträge grundsätzlich zu Gunsten der Zentralmacht interpretiert und überdehnt. Es beeindruckt, was in Den Haag alles ausfindig gemacht worden ist, vor allem die Hartnäckigkeit, mit der die Regierung der Kommission Widerstand ankündigt und entgegensetzt. So will Brüssel gemeinsame Rechtsvorschriften im Versicherungsbereich von Naturkatastrophen oder auch von Katastrophen, die von Menschen verursacht worden sind. Wegen der Unterschiedlichkeit der Ausgangslage in den verschiedenen Ländern der Union lehnen die Niederlande auch hier EU-Rechtsvorschriften barsch ab. Auch ein gesamteuropäisch gültiges Versicherungssystem bei finanziellen Schwierigkeiten in der Abwicklung von Versicherungen ist ein Brüsseler Ziel. Wieder sagen die Niederlande ein klares Nein.

Der Begriff Familienzusammenführungs-Richtlinie klingt harmlos. Dahinter verbergen sich aber massive Auswirkungen auf die Entwicklung von Migrationsströmen. Hier sehen die Niederlande viel zu wenig Spielraum für Maßnahmen der Nationalstaaten, halten die Verhältnismäßigkeit des Vorhabens für völlig überzogen. Ähnliches gilt für einen kürzlich von der Kommission vorgelegten Vorschlag zur Vereinheitlichung der Bedingungen für die Einreise und den Aufenthalt von Bürgerinnen und Bürgern aus Drittstaaten zu Forschungs- und Studienzwecken, zur Teilnahme an einem Schüleraustausch, zu einem bezahlten oder unbezahltem Praktikum, einem Freiwilligendienst oder zur Ausübung einer Au-pair-Beschäftigung. Bei dem hier von der Kommission geplanten allumfassenden Zugriff werden die Prinzipien der Subsidiarität wie der Verhältnismäßigkeit verletzt. Auch hier fehlt der Brüsseler Absicht der gebotene Freiraum für Entscheidungen auf nationaler Ebene. Einmischen in nationale Zuständigkeiten will sich die Kommission auch mit Vorschlägen, die auf eine Harmonisierung von Teilen des Strafprozessrechts – darunter zu den Rechten schutzbedürftiger Verdächtiger, zur Unschuldsvermutung und zur Beweiserhebung – abzielen.

Auch hier schlägt Den Haag einen festen Pflock ein: Das Strafprozessrecht ist primär Sache der Mitgliedstaaten. Allgemein sind die Niederlande der Auffassung, dass keine Überarbeitung bestehender europäischer Vorschriften erfolgen sollte, wenn dazu keine Notwendigkeit besteht. Es dürfe keine – eine bemerkenswerte Wortschöpfung – „Lissabonisierung" nur auf Grund des Vertrages von Lissabon geben. So wird verlangt, dass sich die EU darauf konzentriert, eventuelle Lücken bei der strafrechtlichen Zusammenarbeit ausschließlich nur dann zu schließen, wenn dies für die Behandlung grenzüberschreitender Strafsachen erforderlich ist. Unter den negativen Ergebnissen des bisherigen Harmonisierungs-Übereifers wird der Rahmenbeschluss zur strafrechtlichen Durchsetzung in Sachen Geldwäsche genannt.

Den kompetenzgierigen Augen der EU-Kommission entgeht nichts, was sich die Brüsseler Bürokratie nicht noch gerne einverleiben würde. Erfreulicherweise aber entgeht der niederländischen Regierung auch kaum etwas bei ihrer kritischen Überprüfung. Vorgesehene Rechtsvorschriften für eine europäische Waldkonvention werden ebenso zurückgewiesen wie das Auslaufen von Programmen zur Verbreitung von Obst und Milch in den Schulen gefordert wird, weil dies ausschließlich Sache der einzelnen Mitgliedstaaten sei. Bei der Umgebungslärm-Richtlinie wird auf ein Problem gezielt, das nicht grenzüberschreitender Natur ist, weil der Schwerpunkt aus Sicht der Niederlande auf Lärmbekämpfung an der Quelle liegt, etwa bei Kraftfahrzeugen oder Schienenfahrzeugen, weshalb Europa hier nichts zu suchen hat. Bei der

Beurteilung der Qualität des Oberflächenwassers wirft die niederländische Regierung der Kommission einen unrealistischen Blick und damit verkehrte Schlussfolgerungen vor, die Nationalstaaten brauchen deshalb weit stärkere Mitspracherechte. Dass eine geplante Bodenschutzrichtlinie inzwischen offensichtlich vom Tisch ist, entspricht ebenfalls niederländischen Vorstellungen.

Die Freiheit und die Vielfalt der Medien sind eigentlich weit von jeder Brüsseler Zentralzuständigkeit entfernt. Das hindert die Kommission nicht, eine Expertengruppe mit einem Bericht zu betrauen, der für Den Haag nicht hinnehmbare Empfehlungen enthält, beispielsweise sollen erst einzurichtende „Medienräte" Bußgelder gegen einzelne Medien oder Journalisten verhängen oder gar die Berufszulassung für journalistische Tätigkeiten entziehen können. Mag die Beschäftigung mit diesem Themenfeld dreist sein, absurd ist es, wenn die Kommission auch mit einer Richtlinie zur Tunnelsicherheit punkten will. Zurecht machen die Niederlande in ihrer Ablehnung dieses neu entdeckten pseudo-europäischen Zuständigkeitsbereiches darauf aufmerksam, dass die meisten Tunnels in der EU keine Grenzen überschreiten und dass es sich in Ausnahmefällen bestenfalls um ein bilaterales Problem handle. Warum muss sich also Europa einmischen und ein die gesamte Union umfassendes Tunnel-Regelwerk vorlegen? Die Nationalstaaten sind viel näher dran, können viel besser das Notwendige tun. Um beim Verkehr zu bleiben: Die Niederlande sind nicht davon überzeugt, dass die Einführung beziehungsweise weitere Anwendung von Marktregulierungen im Schienenpersonenverkehr einen deutlichen Mehrwert für Reisende auf die Preisentwicklung und die Qualität der

Dienstleistung hat. Nicht Brüssel, die Nationalstaaten brauchen hier mehr Spielraum.

Mit Schärfe lehnen die Niederlande alle europäischen Pläne zum Export von Sozialleistungen auf dem Wege von entsprechenden Vereinbarungen mit Drittstaaten ab. 2012 schon hatte die Kommission einen dahin zielenden Vorschlag gemacht, mit dem sie aber nicht durchgekommen war. Da man auch in Den Haag weiß, dass es die Kommission noch nie nachhaltig gestört hat, wenn eines ihrer Vorhaben abgeschmettert worden war, rechnet sie auch hier mit einem neuen Versuch. Deshalb die klare Ankündigung an Brüssel, alle Pläne, auf dem Gebiet der sozialen Sicherheit über die Grenzen der EU hinaus als Wohltäter aufzutreten, scheitern zu lassen. Auch der Absicht, eine Verordnung für einen europäischen Hilfsfonds für am stärksten von Armut betroffene Personen zu erarbeiten, wird widersprochen. Dieses Ziel ist bei den einzelnen Mitgliedstaaten weit besser aufgehoben.

Auch ein anderes Lieblingsthema der Kommission, die Einführung einer verbindlichen Frauenquote in Vorstand und Aufsichtsrat börsennotierter Unternehmen, geht nach niederländischer Meinung Europa nicht das Geringste an. Nachdrücklicher Widerstand wird angekündigt. Einer Richtlinie zur Ausweitung des Mutterschaftsurlaubs wird der Kampf angesagt. Der wichtigste Einwand besteht darin, dass man eine Verlängerung des Mutterschaftsurlaubs aus gesundheitlicher Sicht nicht für erforderlich hält. Zudem wurde bei einer Behandlung im Europäischen Parlament der Geltungsbereich der Richtlinie noch weiter ausgedehnt. Angesichts der Tatsache, dass dies für die übergroße Mehrheit der Mitgliedstaaten mit erheblichen zusätzlichen Kosten verbunden wäre, kamen die Verhandlungen zum Stillstand. Für den Fall der Wiederaufnahme wird Protest angekündigt.

Schon diese Auswahl aus den 54 Vorschlägen der Niederlande zeigt: Hier macht ein Land ernst im Kampf gegen die unerträgliche Macht- und Zuständigkeitsanmaßung der europäischen Zentralisten in Brüssel. In Den Haag werden die Grundsätze der Subsidiarität und der Verhältnismäßigkeit nicht nur in festlichen Sonntagsreden beschworen. In kühnem Zugriff wird ein starker Versuch unternommen, Fehlentscheidungen zu korrigieren und neue Anmaßungen im Keim zu ersticken. Alles, was an Zuständigkeiten in die Verantwortung der Nationalstaaten gehört, soll dorthin zurückgebracht werden. Ein wichtiger Schritt zu einem Europa größerer Freiheit für die Menschen wäre getan.

Zu hoffen ist, dass die mutige Regierung der Niederlande auf ihrem Weg die Unterstützung möglichst vieler, am besten aller anderen Mitgliedstaaten der Europäischen Union erfährt. Die Bundesrepublik Deutschland sollte dabei an vorderster Stelle marschieren. Der Ärger des niederländischen Regierungschefs Mark Rutte über die Fehlentwicklungen Europas ist noch deutlicher, als es in diesem Reformprogramm zum Ausdruck kommt. Er will es, wie er in einem Brief an die Mitglieder des niederländischen Parlaments erläutert hat, den EU-Mitgliedstaaten künftig überlassen, ihren Status innerhalb der EU zu ändern. Sie sollen einzelne EU-Institutionen, etwa die Eurozone oder den Schengen-Raum, verlassen können. Und obwohl eine solche Option eine Änderung der bestehenden Verträge voraussetzen würde, geht Rutte so weit zu fordern, dass bei berechtigtem Interesse einzelne EU-Staaten auch ihre Mitgliedschaft in der Gemeinschaft aufkündigen dürften. Der Zorn über die EU heutiger Art muss wahrlich groß sein.

Noch vor der niederländischen Regierung hatte sich zu Beginn des Jahres 2013 Großbritanniens Premierminister David Cameron zu Reformnotwendigkeiten in der Europäischen Union geäußert und eine Diskussion ausgelöst, deren Wirkung seither anhält. Die bedingungslosen Verteidiger der gegenwärtig herrschenden Zustände in der Europäischen Union machten sofort Front gegen London und verbanden dies mit den üblichen Vorwürfen gegen den Außenseiter von jenseits des Kanals. Dabei hatte Cameron Töne angeschlagen und Themen gefunden, die auch von Brüssel aus nicht mehr mit den üblichen antibritischen Klischees abzutun waren. Auch wenn Cameron, wie dies alle seine Vorgänger in Downing Street getan haben, mit der üblichen Klarheit die englischen Interessen und die Notwendigkeit ihrer entschlossenen Vertretung akzentuierte, so hat er auch den Berg an Problemen zur Sprache gebracht, der angepackt werden muss, wenn die Europäische Union eine starke und lebendige Zukunft haben soll.

David Cameron will ein Europa mit mehr Wettbewerbsfähigkeit, mit mehr demokratischer Rechenschaftspflicht, mit mehr Subsidiarität, mit mehr Flexibilität, Effizienz, Transparenz und Gerechtigkeit. Wer aus den mit Scheuklappen behafteten Gleichmachern in Brüssel wollte oder könnte ihm bei dieser Zielvorgabe, bei aller Diskussionsnotwendigkeit in einzelnen Punkten, widersprechen? Deshalb war das politische Echo auf den Appell aus London außerordentlich differenziert. „Berufseuropäer" wie Parlamentspräsident Martin Schulz zeigten sich empört, gaben England die Schuld an europäischen Misslichkeiten und redeten damit am Thema vorbei, weil sie die Wahrheit nur ungern hören wollen. An die Stelle von Argumenten setzte Schulz Beschimpfungen: Cameron betreibe „ein gefährliches Spiel aus taktischen innenpolitischen Gründen", er sei „ein Zauberlehrling, der die Geister, die er rief, nicht mehr beherrsche", das Herauspicken einzelner Politikbereiche könne zum Zerbrechen der Union führen. Auf die Vorstellung, dass Cameron mit seiner Kritik, mit seinen Forderungen, Anregungen und thematischen Schwerpunktsetzungen zumindest doch teilweise Recht haben könne, und dass er wohl nur das ausdrücke, was sein Volk empfinde und wolle, scheint man in den erstarrten Brüsseler Denkkategorien gar nicht mehr zu kommen.

David Cameron weiß, dass die britische Sicht auf Europa und die Europäische Union einem besonderen Blickwinkel folgt, und dass Großbritannien ein streitbares und eigenwilliges Mitglied der europäischen Völkerfamilie ist. Aber in der Ausgangslage der breit angelegten Analyse des britischen Regierungschefs dürfte mehr Übereinstimmung bestehen, als es das seinerzeitige Spontangeschrei über seine große Europa-Rede wahrnehmen lassen konnte: „Erstens befördern die Probleme der Eurozone einen grundlegenden Wandel in Europa. Zweitens befindet sich die europäische Wettbewerbsfähigkeit in der Krise, da andere Staaten auf der ganzen Welt vorpreschen. Und drittens besteht zwischen der EU und ihren Bürgern eine Lücke, die in den letzten Jahren dramatisch gewachsen ist und die in einem Mangel an demokratischer Verantwortlichkeit und Zustimmung besteht, der in Großbritannien – das ist richtig – besonders akut empfunden wird."

Das sind nicht nur britische Europa-Themen. Wenn sich Cameron darüber beschwert, dass die

Frustration darüber wachse, weil man die EU als etwas sieht, „was Menschen zugefügt, statt in ihrem Namen gemacht wird", bringt er exakt jenes Gefühl zum Ausdruck, das sich in dem klaffenden Zwiespalt zwischen EU und EU-Bürgern artikuliert, und wie es in Umfragen in allen Mitgliedstaaten beklagt wird. Cameron traf in seiner Rede Aussagen, die wie ein frischer Wind durch die verkrusteten und in ihrer Verkrustung stets weiter wachsenden europäischen Institutionen wehen müsste. „Mehr vom Gleichen wird der Eurozone keine langfristige Zukunft sichern. Mehr vom Gleichen wird nicht dazu führen, dass die Europäische Union mit den neuen wachstumsstarken Volkswirtschaften Schritt hält. Mehr vom Gleichen wird die Europäische Union ihren Bürgern nicht näher bringen. Mehr vom Gleichen wird nur mehr vom Gleichen bedeuten: Weniger Wettbewerbsfähigkeit, weniger Wachstum, weniger Arbeitsplätze." Wenn hier Bewegung in die EU hineinkommen soll, müsse eine schlankere, weniger bürokratische Union geschaffen werden, die sich unermüdlich dafür einsetzt, die Wettbewerbsfähigkeit der Mitgliedstaaten zu stärken. Und Cameron stellt die gern verdrängte, aber dennoch überfällige Frage: „Können wir eine Kommission rechtfertigen, die immer größer wird?"

Die englische Regierung hält Flexibilität, Wahlfreiheit und Offenheit für die Voraussetzung einer für Europa überlebensnotwendigen Wettbewerbsfähigkeit – „sonst landet Europa im Niemandsland zwischen den aufstrebenden Volkswirtschaften Asiens und dem marktorientierten nordamerikanischen Kontinent". Da Europa auf die damit verbundenen großen Herausforderungen wie ein flexibles Netzwerk reagieren müsse und kein schwerfälliger starrer Block sein dürfe, plädiert Cameron, und stößt damit natürlich bei der europäischen Führungsschicht auf Widerstand, für Flexibilität in der EU. Aus den schon jetzt in der Union bestehenden Unterschiedlichkeiten – 18 von 28 EU-Mitgliedern gehören zur Eurozone, 10 nicht; 26 europäische Länder gehören zum Schengen-Raum, darunter 4 Nicht-EU-Länder, 2 EU-Länder nicht; einige Mitgliedstaaten, wie Großbritannien und Frankreich, sind willens, bereit und fähig, in Libyen oder Mali militärisch einzugreifen, die anderen EU-Staaten nicht – entwickelt Cameron die Prämisse einer Familie demokratischer Nationen, die allesamt Mitglieder der Europäischen Union sind, aber eben nicht über den gleichen politischen Leisten geschlagen werden dürften. Aus englischer Sicht bedeutet ein solches Konzept keine Aushöhlung der Union und auch keine Rosinenpickerei: „Weit davon entfernt, die EU auszuhöhlen, wird dies vielmehr die Mitgliedstaaten enger aneinander binden, weil eine flexible, freiwillige Zusammenarbeit ein viel stärkeres Bindemittel ist als eine von der Zentrale verordnete Zwangsmaßnahme."

Cameron wagt sich an eine Interpretation des EU-Vertrages, die er selbst einen „ketzerischen Vorschlag" nennt. Der Vertrag verpflichtet die Mitgliedstaaten, „die Grundlagen für einen immer engeren Zusammenschluss der europäischen Völker zu schaffen". Aber, so der britische Einwand: „Dies ist kontinuierlich so ausgelegt worden, als beziehe es sich nicht auf die Völker, sondern auf die Staaten und Institutionen, und auch der Europäische Gerichtshof hat eine stärkere Zentralisierung konsequent unterstützt." Diesem Trend zu einem europäischen Einheitsstaat setzt der britische Premierminister seine Vision entgegen: „Wir glauben an eine flexible Union freier Mitgliedstaaten, die gemeinsame Verträge und Institutionen haben und gemeinsam das Ideal der Zusammenarbeit verfolgen. Um die Werte europäischer Zivilisation in der Welt zu vertreten und zu verbreiten. Um unsere gemeinsamen Interessen zu fördern, indem wir durch Einsatz unserer kollektiven Macht Märkte öffnen. Und um in ganz Europa eine starke wirtschaftliche Basis aufzubauen." Cameron weiß, dass die Vision nicht die gleiche ist wie die Vision jener in Europa, die einen immer engeren Zusammenschluss bei größtmöglicher Gleichmacherei wollen – „aber sie ist nicht weniger berechtigt".

Bei diesem Ausgangspunkt ist klar: Cameron gehört zu jenen europäischen Spitzenpolitikern, die sich dagegen wehren, dass von den Mitgliedstaaten immer mehr Macht an Brüssel abgetreten werden soll. Er will die gegenteilige Entwicklung, er will, dass Macht aus Brüssel an die Nationalstaaten zurückfließt. Er erinnert daran, dass dies vor mehr als einem Jahrzehnt bei einer EU-Gipfelkonferenz im belgischen Laeken beschlossen, dieses vertraglich festgeschriebene Versprechen aber nie eingehalten worden sei. Europa sollte sich nicht zu dem Irrglauben verleiten lassen, dass ein tiefer und funktionsfähiger Binnenmarkt es erfordere, dass alles harmonisiert wird. Denn: „Jedes Land ist anders, jedes Land trifft andere Entscheidungen. Wir können nicht alles harmonisieren. Es ist zum Beispiel weder richtig noch nötig zu behaupten, die Integrität des Binnenmarktes oder die volle Mitgliedschaft in der Europäischen Union erfordere es, dass die Arbeitszeiten von britischen Krankenhausärzten in Brüssel festgelegt werden, unabhängig davon, was britische Abgeordnete oder Experten davon halten." Die Menschen sind verdrossen über juristische Entscheidungen, die Europa trifft und die sich auf das Leben in Großbritannien auswirken; sie erleben, wie ein Vertrag nach dem anderen das Gleichgewicht zwischen den Mitgliedstaaten und der EU verschiebt; und sie stellen fest, dass sie dabei nicht mitreden konnten – was hier über die Stimmungslage in Großbritannien gesagt wird, ist der Stimmungslage anderswo in Europa, beispielsweise in Deutschland, ähnlich bis gleich.

Vermisst wird von David Cameron auch die demokratische Verantwortlichkeit in der Europäischen Union. Weil es kein europäisches Staatsvolk gibt und deshalb auch kein demokratisch adäquates Parlament – fehlt doch am derzeitigen Europaparlament der eiserne und unerlässliche demokratische Wahlgrundsatz „one man, one vote" –, ist eine größere und bedeutendere Rolle für die nationalen Parlamente notwendig. Sie sind und bleiben die eigentliche Quelle demokratischer Legitimität und Verantwortlichkeit in der EU. Cameron: „Angela Merkel muss sich gegenüber dem Bundestag verantworten. Andonis Samaras muss die Sparmaßnahmen seiner Regierung durch das griechische Parlament bringen. Ich muss gegenüber dem britischen Parlament Rechenschaft ablegen über die EU-Haushaltsverhandlungen oder über die Sicherung unseres Platzes im Binnenmarkt. Dies sind die Parlamente, die den Politikern wirklichen Respekt – und sogar Angst – einflößen."

Mit diesen Grundzügen seines Reformprogramms will der britische Regierungschef in den nächsten Jahren in und mit Europa verhandeln. Er will die Europäische Union und er will, dass Großbritannien in der Europäischen Union bleibt. Er will mehr Freiheit und weniger Gleichheit in der Union. Er will diesem Ziel so nahe kommen, dass er bei den Wählerinnen und Wählern im Vereinigten Königreich in der von ihm für 2017 angekündigten Abstimmung mit besten

Argumenten für einen Verbleib seines Landes in der EU werben kann. Cameron weiß, dass es dazu eines deutlich veränderten EU-Vertrages bedarf. Er kennt die Schwierigkeiten des Weges dorthin. Andererseits ist er sich sicher, dass bei einfachem Fortdauern der derzeitigen europäischen Gegebenheiten ein Verbleib Großbritanniens in der EU bei den Menschen des Landes keine Chance haben kann. Im beiderseitigen Interesse, in dem Großbritanniens und in dem der Europäischen Union, will David Cameron, dass sein Land in Europa bleibt. Bei veränderten Bedingungen.

Eine deutlich andere Aufnahme als in Brüssel, wo man mit der routinehaften Abfuhr schnell bei der Hand war, erfuhr Camerons revolutionäre Rede in manchen Hauptstädten der EU. Eine von ihnen war Berlin. Während zornige Verfechter einer angeblichen Unveränderbarkeit der bestehenden europäischen Verhältnisse Großbritannien wegen dieser Rede am liebsten aus der EU hinausgeworfen hätten, will Bundeskanzlerin Angela Merkel ausdrücklich, dass das Land „ein wichtiger Teil und aktives Mitglied der EU" bleiben solle. Selbstverständlich müsse man über Reformen in der Gemeinschaft reden, dass dazu Kompromissbereitschaft notwendig sei, liege auf der Hand. Nicht alles, was bisher in Brüssel oder von Brüssel aus entschieden werde, müsse dort bleiben – eine deutsche Position, die im Grundsätzlichen mit einem englischen Kernanliegen übereinstimmt. Die Regierung der Niederlande, nie sehr weit entfernt von britischen Vorstellungen, stimmt in vielen Punkten mit Camerons Forderungen überein. Weil aber die Europäische Union von innen heraus reformiert werden müsse, ist für Den Haag ein Verbleib des Vereinigten Königreiches in der Gemeinschaft selbstverständlich.

Den Aufruhr, den David Camerons damalige Rede in Europa auslöste, hatte weniger mit dem sonstigen breiten und interessanten Inhalt, sondern nur mit einem Punkt zu tun. Der Premierminister hatte angekündigt, unter ausdrücklicher Einbeziehung einer Bilanz der bis zu diesem Zeitpunkt von ihm betriebenen und geforderten Reformen innerhalb der Europäischen Union, im Jahre 2017 ein Referendum über den Verbleib Großbritanniens in der EU abzuhalten. Damit freilich hört in Europa jeder Spaß auf! Wo käme man hin, wenn man in Europa, dem Mutterland und dem Exportland der Demokratie in alle Welt, immer wieder einmal auf den lästigen Gedanken käme, das Volk über seine Haltung gegenüber dem europäischen Einigungsprozess, seinem Stand und seiner Entwicklung zu fragen! Da es doch Europas Obere offensichtlich immer besser wissen – warum muss man dann auch noch das Volk nach seiner Meinung fragen!

Dabei war es in der – noch lange nicht zu Ende gegangenen – Geschichte der vielen Versuche der Eurorettung ein absoluter demokratischer Tiefpunkt, als sich 2011 der damalige sozialistische griechische Ministerpräsident Giorgos Papandreou in seiner Not nicht mehr anders zu helfen wusste, als das Volk um seine Entscheidung zu bitten. Er sah keinen Ausweg mehr aus der Kluft zwischen den von der EU gemeinsam mit dem IWF zwingend geforderten Reformmaßnahmen auf der einen und dem Zorn der Menschen auf der anderen Seite. Bei den Demokratie-Hütern in Brüssel kam seine Flucht in eine demokratische Entscheidung schlecht an. Die Schläge von den europäischen Oberaufsehern fielen so gnadenlos und dicht, dass der griechische Regierungschef – man traut sich das Wort „Chef" in diesem

Zusammenhang kaum hinzuschreiben – seinen demokratischen Vorschlag kleinlaut einkassieren musste. Dabei war dieser Vorgang in Athen durchaus symptomatisch für eine ähnliche Gesamtbewegung in Europa.

Die Euro- und Schuldenkrise hat mit ihren schon von der Zahl her kaum mehr überschaubaren Maßnahmen, ob diskutiert, angekündigt oder beschlossen, ein sicheres und düsteres Ergebnis: Die demokratische Fundierung Europas ist nicht stärker, sondern schwächer geworden. Das Urelement der Demokratie, die Wahl verantwortlicher Politiker durch das Volk, verliert an Bedeutung, den von den Menschen gewählten Parlamenten werden Befugnisse entzogen. Übertragen werden sie an Gremien und Apparate, an Konferenzen und Bürokraten, die einer echten und wirksamen demokratischen Kontrolle entbehren. Es war und ist bezeichnend, dass im Zuge der Schuldenkrise vom Volk gewählte Regierungen in Italien und Griechenland aus dem Amt vertrieben und durch sogenannte Expertenregierungen ersetzt wurden, die ohne jede direkte Beteiligung des Volkes an die Macht gekommen sind. Die Krise und ihre noch längst nicht erfolgreich abgeschlossene Bekämpfung liefern für manche Akteure Anlass und Vorwand, den einzelnen EU-Mitgliedstaaten und ihren Parlamenten noch mehr Macht und Einfluss wegzunehmen und diese nach Brüssel an alte und neue Institutionen zu übertragen.

Diese zunehmende Verantwortungsvermischung zwischen der nationalen und der europäischen Ebene führt zwangsläufig zu einer gravierenden Desinformation der Menschen. Sie können die Absender politischer Entscheidungen, von denen sie heftig betroffen sind, nicht mehr unterscheiden und erkennen.

Der Abstand zwischen den Bürgerinnen und Bürgern auf der einen und der politischen Klasse auf der anderen Seite wächst, auch wenn diese Entwicklung dann immer wieder von Politikern und Politologen mit Krokodilstränen beklagt wird. Diese Fehlentwicklung wird nicht erträglicher dadurch, dass es in den Parlamenten, auch im Deutschen Bundestag, am kraftvoll und geschlossenen Aufstand gegen diesen Trend der Einfluss- und Kompetenzminderung, des nationalen Souveränitätsverlustes fehlt. Das Bundesverfassungsgericht muss dann, auf die Klage mutiger parlamentarischer Einzelgänger wie Peter Gauweiler hin, dafür sorgen, dass die Abgeordneten die Rechte bekommen und wahrnehmen, die ihnen auf Grund der Verfassung zustehen.

Die europäische Entwicklung hin zu immer mehr zentralistischer Macht in Brüssel, von der massiv durchgreifender Gebrauch gemacht wird, hat auch in Deutschland das Thema Europa in den Fokus der öffentlichen Diskussion gerückt, weit über den engeren politischen Bereich hinaus. Bei aller grundsätzlichen Zustimmung zur europäischen Einigung wächst das Unbehagen der Menschen über ein Regiertwerden aus weiter Ferne, dessen Beweggründe und Abläufe von großer Undurchsichtigkeit sind. Eine schier endlose Kette abstruser Vorschriften, die aus Brüssel über die Menschen in Europa hereinbrechen oder nur in gewaltigen Abwehrkämpfen – siehe den Eingriff in die kommunale Wasserversorgung als nur ein Beispiel – verhindert werden können, lassen die Freude an Europa abnehmen, von der Europabegeisterung früherer Jahrzehnte gar nicht zu reden.

Die vertragswidrige Dreistigkeit, mit der die EU-Kommission zu Beginn des Jahres 2014 Deutschland vorschreiben wollte, dass es entgegen den

Vorschriften des deutschen Sozialgesetzbuches Zuwanderern aus anderen EU-Ländern Hartz-IV-Leistungen ohne die Einhaltung sonst üblicher Bedingungen gewähren müsse, hat in Deutschland einen Sturm der Entrüstung und eine heftige Diskussion ausgelöst. „So etwas schadet der europäischen Idee", brachte der bayerische Ministerpräsident Horst Seehofer seine Kritik auf den Punkt. Die Kommission agiere oftmals, ohne die Lebensrealitäten der Menschen zu kennen. Als Beispiele nannte der bayerische Ministerpräsident neben dem Eingriff in das deutsche Sozialrecht die Einlassungen Brüssels zur Pkw-Maut auf Autobahnen oder zu den Ausnahmen für energieintensive Betriebe beim Erneuerbare-Energie-Gesetz (EEG).

Die CSU sei, so ihr Vorsitzender Seehofer, ausdrücklich für die Freizügigkeit der Arbeitnehmer innerhalb der Europäischen Union, aber gegen den Zuzug in die sozialen Sicherungssysteme: „Das Recht auf Freizügigkeit muss in seiner richtigen Zielsetzung gelten, sonst wird das Recht an sich gefährdet." Im Verhalten der Kommission sieht Horst Seehofer Wasser auf die Mühlen der Europa-Kritiker. Er und seine Partei seien täglich unterwegs, um in Bayern eine positive Grundstimmung für Europa zu organisieren, „und dann gibt es im Wochenrhythmus solche unerklärlichen und ärgerlichen Rückschläge". Für Seehofer ist dieses Vorgehen in Brüssel enttäuschend: „Ich bin wirklich für die europäische Idee – aber da baut sich schon Kummer auf. Das ist nicht ein Mangel Europas, sondern ein Mangel der Kommission." Aber leider ist es die Kommission, die weit vor anderen Institutionen der Union mit ihrem Tun und Lassen das Bild Europas bestimmt. Dies Bild aber hat trübe Flecken.

Die Europäische Union hat parallel zu der wachsenden Zahl ihrer Mitgliedstaaten mit ständig größer werdenden Institutionen zu kämpfen. Aber die Übersichtlichkeit und Verständlichkeit europäischen Handelns nehmen damit ab. Auch das Europäische Parlament, 1979 zum ersten und 2014 zum achten Mal in direkter Wahl gewählt, hat mit dem Problem seiner Größe zu kämpfen. Um der grotesken Entwicklung entgegenzuwirken, dass das Europaparlament mit jedem Neumitglied der Union die Zahl seiner Abgeordneten vergrößern muss, wurde im Maastricht-Vertrag die Zahl der Europaparlamentarier auf 751 begrenzt. Sicherlich verlaufen die Wahlen zum Europäischen Parlament nach dem klassischen Grundsatz freier, allgemeiner, unmittelbarer und geheimer Wahlen.

Gewählt wird nach dem Wahlrecht des jeweiligen Landes, das aktive Wahlrecht beginnt – mit Ausnahme Österreichs, wo 16 Jahre reichen – mit dem 18. Lebensjahr. Das passive Wahlrecht variiert zwischen 18 Jahren, zum Beispiel in Deutschland, und 25 Jahren in Italien. In Deutschland, wo für die Europawahl zunächst im Gleichklang mit der Bundestagswahl eine Fünf-Prozent-Hürde galt und seit 2013 eine Drei-Prozent-Hürde vorgesehen war, ist für die Wahl des Europäischen Parlaments im Mai 2014 auf Grund einer Entscheidung des Bundesverfassungsgerichts am 26. Februar 2014 auch diese Hürde aufgehoben worden. Nach einem übereinstimmenden Beschluss von Parlament und Europäischem Rat wurde 2002 für die kommenden Wahlen der Grundsatz der Verhältniswahl bestätigt, die Option für die Mitgliedstaaten, Wahlkreise einzurichten, wenn dadurch das Verhältniswahlsystem nicht angegriffen wird, festgehalten, die Einführung von Prozenthürden wie in Deutschland für möglich erklärt und Doppelmandate im Europäischen Parlament und in einem nationalen Parlament verboten.

Das alles klingt und ist demokratisch einwandfrei. Ein entscheidender demokratischer Mangel aber bleibt bei der Wahl zum Europäischen Parlament bestehen. Die Stimmen der Wählerinnen und Wähler sind in den verschiedenen europäischen Ländern nicht gleichviel wert. Die Zahl der Menschen, die ein Abgeordneter in Brüssel oder Straßburg vertritt, unterscheidet sich in einem gewaltigen Ausmaß. Das in der Demokratie sonst bestimmende Prinzip „one man, one vote" ist in der europäischen Wahl außer Kraft gesetzt. Deshalb ist die Praxis, dass die Stimmen jener Bürger, die aus einem bevölkerungsreichen Land kommen, weit weniger wiegen, als die jener, die aus einem mittleren oder gar kleinem Land kommen, weit mehr als ein Schönheitsfehler.

Es ist bemerkenswert, aber auch enttäuschend, dass sich die Bundesrepublik Deutschland, die als bevölkerungsreichstes Land der EU von dieser Benachteiligungsregel am meisten betroffen ist, nicht aufgerufen sieht, sich an die Erarbeitung grundsätzlicher Reformvorschläge zu machen. Selbstverständlich müssen kleine und kleinste Mitgliedsländer im großen Kreis der Europäischen Union angemessen vertreten sein, ob aber der Weg dazu allein in einer völlig verzerrten Gewichtung bei der Vertretung im Europäischen Parlament liegen kann, ist mehr als nur fraglich. Die in den Vereinigten Staaten von Amerika praktizierte Lösung könnte hier vielleicht einen Fingerzeig für eine gerechtere Lösung geben. Der amerikanische Kongress wird von Senat und vom Repräsentantenhaus gebildet. Während 50 Bundesstaaten unabhängig von ihrer Bevölkerungszahl je zwei Senatoren nach Washington schicken, werden die 435 Abgeordneten des Repräsentantenhauses entsprechend der Bevölkerungszahl der einzelnen Staaten, aus denen sie kommen, direkt gewählt.

Ändert sich nichts, bleibt hier auf Dauer ein schreiendes Missverhältnis bestehen. Um mit den kleinsten EU-Ländern zu beginnen: Ein Europaabgeordneter aus Malta oder Luxemburg vertritt 63.000 beziehungsweise 71.000 Mitbürger in Europa. Österreich oder Griechenland schicken ihre Europaparlamentarier als Vertreter von 425.000 oder 478.000 Menschen nach Straßburg und Brüssel. In Spanien vertritt ein Europaabgeordneter rund 790.000, in Frankreich 796.000 Einwohner. Großbritannien braucht 811.000 Bürger, um einen Parlamentarier über den Kanal entsenden zu dürfen. In Deutschland liegt diese Zahl bei 855.000. Ein wichtiger Grundsatz jeder demokratischen Wahl, das belegen diese Zahlen nachdrücklich, die Gleichgewichtigkeit jeder Stimme, wird bei der Wahl zum Europäischen Parlament schmerzlich verletzt – nicht nur, aber am meisten zu Lasten Deutschlands.

Ein Ungleichgewicht zu Lasten Deutschlands kennzeichnet nicht nur das Europäische Parlament, auch in anderen Institutionen der Gemeinschaft ist Deutschland, vor allem angesichts der Tatsache, dass es der größte Nettozahler in die Gemeinschaftskasse ist, völlig unangemessen vertreten. Von 28 Mitgliedern der Kommission kommt einer aus der Bundesrepublik Deutschland. Ähnlich ist die deutsche Minus-Vertretung in der Führung der Europäischen Zentralbank. Schon das Scheitern der deutschen Vertreter im EZB-Rat, Ex-Bundesbankpräsident Axel Weber und Ex-EZB-Chefvolkswirt Jürgen Stark, stellte unter Beweis, wie weit sich die

Europäische Zentralbank vom einst beschworenen Tugendpfad der Geldwertstabilität entfernt, die sie hüten müsste wie einen Augapfel. Diese Rücktritt belegen aber auch, wie minimal der deutsche Einfluss in dieser für das Geld der Deutschen so entscheidenden Institution ist. Dass im Zuge der Bildung der Großen Koalition in Berlin EZB-Direktoriumsmitglied Jörg Asmussen ebenfalls seinen Posten geräumt und ein Staatssekretärsamt in Berlin übernommen hat, war eine Überraschung. Auf seine Nachfolgerin Sabine Lautenschläger, bisher Vizepräsidentin der Deutschen Bundesbank, kommt eine große Verantwortung zu. Unter 18 anderen Rats-Mitgliedern hat Bundesbankpräsident Jens Weidmann seine einsamen Kämpfe auszutragen.

Wie absurd winzig der deutsche Einfluss in der EZB ist, mag daran zu sehen sein, dass der Vertreter Deutschlands, das nahezu ein Drittel der Kosten und Bürgschaften der EZB-Politik zu erbringen hat, sich schon in den Vertretern Maltas und Zyperns einer Zweidrittelmehrheit gegenüber sieht. Das skandalöse deutsche Personaldefizit im EZB-Europa hat Roland Berger, der Doyen der europäischen Unternehmensberater, schon vor geraumer Zeit auf den Punkt gebracht: „Wir müssen sicherstellen, dass wir Deutsche ein Stimmengewicht in den europäischen Institutionen und bei deren Entscheidungen haben, das unserer Bevölkerung und unserer Wirtschaftskraft in etwa entspricht Es darf nicht sein, dass wir im Direktorium der Europäischen Zentralbank das gleiche Stimmrecht haben wie Malta oder Zypern. Das mag sinnvoll gewesen sein, so lange die EZB sich nur auf die Preisstabilität konzentriert hat. Aber wenn die EZB Staaten finanziert und wir Deutsche mit unserem Anteil von 27 Prozent am Kapital der

EZB haften, dann stimmt die Verfassung dieser Institution nicht mehr. Wir dürfen uns nicht Mehrheitsentscheidungen von Ländern mit einer sehr viel geringeren Bevölkerungszahl und mit einem sehr viel geringeren Gewicht aussetzen."

Dass an diesem Punkt die Christlich-Soziale Union als erste der im Deutschen Bundestag vertretenen Parteien eine massive Änderung und einen starken deutschen Einfluss auf die Politik der EZB verlangt hat, ist kein Zufall. Die CSU, von Anfang an eine überzeugt europäische Partei, hat sich stets um das rechte europäische Maß bemüht. Und sie hat sich um schwierige europäische Themen selbst dann gekümmert, wenn diese in der politischen Diskussion, gar im Streit anderer Parteien nicht vorkamen. Die internen und öffentlichen Auseinandersetzungen, die es in der CSU vor der und bei der Einführung des Euro gegeben hat und die sich im Spannungsbogen zwischen Parteichef und Bundesfinanzminister Theo Waigel auf der einen und Ministerpräsident Edmund Stoiber auf der anderen Seite niederschlagen, sind noch in Erinnerung.

Der von Helmut Kohl und Theo Waigel bei den anderen Europäern durchgesetzte Stabilitätspakt hat seine Wurzeln auch in diesem Kampf, bei dem in der CSU um die beste Lösung gerungen wurde. Weil Sorge um das Geld, seine Qualität und seine Zukunft für die Menschen von existenzieller Wichtigkeit ist, muss sie auch für eine Volkspartei von ebensolcher Wichtigkeit sein. Deshalb war das Ringen um den Euro – und das gilt bis auf den heutigen Tag – geradezu ein Markenzeichen der CSU. Andere Parteien haben um dieses Thema einen Bogen gemacht. Die CSU hat es in einer personellen und inhaltlichen Bandbreite – zum Exempel in der Person von Peter Gauweiler – getan, die den gebotenen Mittelweg zwischen dumpfer

Abschaffungsagitation und kritikloser Vergötzung gefunden hat und findet. Mit gutem Grund kann Parteichef Horst Seehofer sagen, dass eine auf den Krieg gegen den Euro ausgerichtete Ein-Themen-Partei auch deshalb überflüssig sei, weil das, was es an Kritik in der Sache Euro bedarf, bei der CSU gut aufgehoben ist.

Die CSU lehnt hartnäckig und kompromisslos – und sie hat dies getan, bevor andere auf diesen Weg einschwenkten – Eurobonds und die Vergemeinschaftung von Schulden in Europa ab. Dem Geist und Buchstaben des EU-Vertrages entsprechend ist jedes Mitgliedsland der EU für seine Schulden selbst verantwortlich. Europa muss eine Stabilitätsunion bleiben und darf keine Schuldenunion werden. Deutsche Banken und deutsche Sparer dürfen nicht für andere europäische Banken haften, weshalb in den europäischen Programmrichtlinien der CSU ein europäischer Einlagensicherungsfonds keinen Platz hat. Weil Solidarität ihre Grenzen hat und weil den Schwachen auf Dauer nicht geholfen werden kann, wenn auch der Starke geschwächt wird: Krisenstaaten dürfen Hilfen nur gegen die Erfüllung von Auflagen und ernsthafte Reformen erhalten. Die CSU drängt darauf, dass sich eine europäische Bankenaufsicht auf grenzüberschreitend tätige und systemrelevante Großbanken beschränkt und ihre Finger von den deutschen Sparkassen und Genossenschaftsbanken lässt. Diese brauchen keine Kontrolle durch eine europäische Instanz, sie sind am besten durch die Finanzkrise gekommen, weil sie nicht spekuliert, sondern sorgsam gewirtschaftet haben.

Wer in eine Gemeinschaft eintritt, muss auch die Möglichkeit zum Austritt haben. Deshalb gehört es zum CSU-Forderungskatalog in Sachen Eurorettung, dass ein Insolvenzrecht für notleidende

Staaten ausgearbeitet werden muss. Für überschuldete Staaten muss eine geordnete Insolvenz möglich gemacht werden, schon allein deshalb, damit sich Erpressungssituationen – zu groß, um Bankrott zu gehen – nicht wiederholen. Vor allem muss dadurch die Möglichkeit gegeben werden, dass ein Staat vorübergehend den Euroraum verlassen und wieder eine eigene Währung einführen kann. Dieser Prozess soll durch gezielte Wirtschaftshilfe und selbstverständlich durch ein Verbleiben des betroffenen Staates in der Europäischen Union erleichtert werden.

Bayern liegt im Herzen Europas. Es entspricht dem Selbstbewusstsein Bayerns als des deutschen Staates mit der längsten Geschichte und der stärksten Wirtschaftskraft, mit der ausgeprägtesten Identität und der stärksten Heimatverbundenheit seiner Menschen, dass für den Freistaat der europäische Weg nicht in Freiheits- und Souveränitätsverlust führen oder gar enden darf. Bayern und die CSU als die einzige große und wirkliche Volkspartei des Landes wollen die europäische Integration, aber sie wollen keinen Bundesstaat Europa. Wenn Europa Zukunft haben will, braucht es starke und eigenwillige Regionen wie Bayern. Mehr Demokratie, mehr Bürgernähe, mehr Transparenz – diese drei Forderungen markieren die europäischen Bauelemente der Zukunft. Weil Nationen und Regionen zur Identität Europas gehören, wäre ein europäischer Zentralstaat ein Irrweg. Der von europäischen Fantasten geforderte Tausch des Grundgesetzes der Bundesrepublik Deutschland und der Verfassung des Freistaates Bayern gegen eine wie immer geartete europäische Verfassung, kommt für Bayern nicht in Frage.

Europa muss sich auf seine wesentlichen Aufgaben konzentrieren, also wirklich nur auf das, was einzelne Staaten und Regionen nicht leisten können. Schluss muss damit sein, dass sich Brüssel, und das gilt vor allem für die Kommission, in Belange einmischt, die Mitgliedstaaten, Länder und Kommunen selbst und besser regeln können. Glühbirnen, Duschköpfe, Tachographen oder kommunale Wasserversorgung kommen bestens ohne EU-Vorgaben aus. Nachdrücklich fordert die CSU, dass der EU-Kommission das Initiativrecht bei europäischen Gesetzesvorhaben genommen wird. Im Gegensatz dazu müssen Bundestag und Bundesrat gegenüber der EU mehr Kontrollrechte erhalten.

Die Europäische Union in ihrer jetzigen Form und mit ihren Allmachtsansprüchen kann keine Zukunft haben. Europa kann nur dann seinem Rang, seinem Auftrag und seiner Geschichte gerecht werden, wenn es zu den Wurzeln seiner Freiheit und Vielfalt zurückfindet. Das bedeutet, so eine Kernforderung der CSU: Kompetenzübertragung nach Brüssel darf keine Einbahnstraße sein, umgekehrt müssen Kompetenzen aus Brüssel auf die Einzelstaaten rückübertragen werden. Aufgabe der deutschen Politik, die Große Koalition ist gefordert, ist es, alle Bereiche der europäischen Politik daraufhin zu untersuchen, welche Kompetenzen in Brüssel nichts zu suchen haben und deshalb in die Zuständigkeit der Mitgliedstaaten zurück müssen. Um der EU bei Kompetenzübergriffen in die Parade fahren zu können, wird von Bayern aus ein Kompetenzgerichtshof aus nationalen Verfassungsrichtern gefordert. Ein solcher Gerichtshof könnte auch ein Gegengewicht zum Europäischen Gerichtshof schaffen, der in seiner tendenziellen Rechtsprechung allzu gerne bereit ist, den Nationalstaaten immer weniger und der Europäischen Union immer mehr zu geben.

Mit Furor muss auch in den Bestand der Kommission eingegriffen werden. Die CSU verlangt eine massive Verkleinerung der Kommission. Weniger Kommissare bedeuten weniger bürokratischen Beschäftigungszwang und weniger bürokratischen Ausstoß. Eine Reduzierung wäre der beste Weg, den Menschen in der Europäischen Union wieder mehr Luft zum Atmen zu verschaffen. Im Zuge der EU-Erweiterung ist die Kommission Kopf um Kopf vergrößert worden und hat inzwischen die absurde Zahl 28 erreicht. Die Position Bayerns: Es muss nicht jeder Mitgliedstaat, unabhängig von seiner Größe, mit einem eigenen Vertreter in der Kommission einen Sitz haben. Vorstellbar wäre eine Lösung nach dem Vorbild des Sicherheitsrats der Vereinten Nationen: Ein Kern von festen Mitgliedern – in der EU könnten dies beispielsweise die fünf Hauptzahler sein – wird von einem Kreis von wechselnden Mitgliedern aus den kleineren und kleinsten Staaten umgeben.

Europa kann nur funktionieren, wenn das Volk mit dem Herzen dabei ist. Mit dem Herzen dabei sein kann nur, wer auch mitreden kann. Deshalb will die CSU, dass bei europapolitischen Entscheidungen von besonderer Tragweite das Volk direkt nach seiner Meinung befragt wird. Das gilt insbesondere für die Aufnahme neuer Mitgliedstaaten in die Europäische Union, wenn wichtige Kompetenzen nach Brüssel abwandern sollen oder wenn es um neue und gewaltige finanzielle Leistungen Deutschlands für die EU-Ebene geht. Die CSU strebt hier die Möglichkeit bundesweiter Volksabstimmungen an. Intern hat Bayern seine europapolitische Kraft bereits gestärkt. Wenn Zuständigkeiten des Bayerischen Landtags durch die Übertragung von Hoheitsrechten auf die EU betroffen sind, kann die

Staatsregierung künftig in ihren verfassungsmäßigen Aufgaben durch Gesetz gebunden werden. Dazu ist im vergangenen Jahr die Bayerische Verfassung vom Volk entsprechend ergänzt worden.

Wenn Europa Zukunft haben will, wenn der Kontinent den Glanz und den Rang zurückbekommen soll, welcher der Idee Europa angemessen ist, und wenn die Europäische Union Arbeitsfähigkeit, Attraktivität und Ansehen bei den Menschen in Europa zurückgewinnen will, muss Brüssel entmachtet werden. Für den Weg dahin fehlt es nicht an bemerkenswerten Hinweisen, Anregungen, Vorschlägen und Rezepten aus Den Haag, London oder München. Nur so kann ein besseres Europa entstehen.

Personenregister

Adenauer, Konrad 34, 35

Aigner, Ilse 76

Alexander, Keith 144

Almunia, Joaquin 73

Aristoteles 95

Ashton, Lady Catherine
103 ff.

Asmussen, Jörg 228

Asscher, Lodewijk 203

Barnier, Michel 57, 59, 68

Barroso, José Manuel
66 f., 77, 100, 102, 125 ff.,
130, 186

Berger, Roland 229

Bismarck, Otto von 28

Bluntschli, Johann Caspar
26 ff.

Bocklet, Reinhold 91 f.

Boysen, Sigrid 46

Briand, Aristide 31

Cameron, David 111, 214 ff.

Castel de Saint-Pierre,
Abbé Charles-Iréné 25

Churchill, Winston 32, 34

Ciolos, Dacian 76

Clark, Christopher 29

Conolly, Chris 140

Coudenhove-Kalergie,
Richard Graf 30 f.

Dante Alighieri 23

Delors, Jacques 48, 90

Deuerlein, Ernst 47

Draghi, Mario
179 f., 190, 198, 200

Duisenberg, Wim 182

Ehinger, Hans 68

Ehrenhauser, Martin 106

Eichel, Hans 184

Enzensberger, Hans Magnus
18, 117 f.

Erdogan, Recep Tayipp
172, 174

Erhard, Ludwig 89

Ertug, Ismail 63

Estrela, Edite 77

Fahrenschon, Georg 180 f.

Farwig, Jürgen 71 f.

Ferber, Markus
56, 63 f., 68, 75, 78, 109, 175 f.

Fischer, Joschka 107

Franz II. (I.), Kaiser 24

Frick, Wilhelm 42

Füle, Stefan 165, 174

Gaulle, Charles de
20, 35, 158 ff.

Gauweiler, Peter
15, 85, 196, 199 ff., 224, 230

Gladstone, William Ewart 33

Görderer, Carl Friedrich 43

Goppel, Alfons 51 ff.

Goppel, Thomas 94

Gräßle, Inge 104 ff., 110 ff.

Grey, Edward 30

Grillo, Ulrich 73

Habsburg, Otto von 163

Haffner, Sebastian 21

Hallstein, Walter 89

Heath, Edward 162

Herzog, Roman 118, 131

Hitler, Adolf 42 f.

Hoegner, Wilhelm 45

Hollande, Francois 167

Hugo, Victor 26

Issing, Otmar
182 ff., 187 ff., 192

Juncker, Jean-Claude 50 f.

Kallas, Siim 58, 61 f.

Kant, Immanuel 25

Karl der Große 23

Kirchhof, Paul 179 f.

Kissinger, Henry 104

König, Herbert 59

Kohl, Helmut 184, 230

Kohr, Leopold 160

Lafontaine, Oskar 183

Lagarde, Christine 191

Lautenschläger, Sabine 228

Leibniz, Gottfried Wilhelm
25

Lenin, Wladimir Iljitsch 183

Leo XIII., Papst 39 f.

Locke, John 95

MacMillan, Harold 162

Marshall, George 35

Mazzini, Giuseppe 26

Merkel, Angela
17, 56, 74, 11, 195, 197, 220 f.

Mitterrand, Francois 183

Montesquieu, Charles
Secondat de 95

Moscovici, Pierre 167, 169

Murswiek, Dietrich 199 f.

Napoleon I., Kaiser 24

Niebler, Angelika 72, 78

Nobel, Alfred 28

Ockenfels, Wolfgang 54

Papandreou, Giorgos 222

Papier, Hans-Jürgen 83 ff., 92

Pius XI., Papst 40

Princip, Gavrilo 29

Prodi, Romano 185

Radwan, Alexander 109

Ramsauer, Peter 62

Reding, Viviane 100 f., 147

Rutte, Mark 203, 214

Samaras, Andonis 220

Sarrazin, Thilo 192, 197

Schneider, Hans-Peter 21

Schönborn, Christoph Kardinal 78

Scholl, Hans 43

Scholl, Sophie 43

Schröder, Gerhard 69, 107, 184

Schulz, Martin 17, 102, 109, 215

Schweitzer, Eric 72

Seehofer, Horst 89, 94, 224 f., 230

Sinn, Hans-Werner 18

Snowden, Edgar 142, 146 f.

Spahn, Jens 61

Stark, Jürgen 192 ff., 228

Stoiber, Edmund 77, 89, 125 ff., 230

Strauß, Franz Josef 48, 89

Streibl, Max 89 f.

Stresemann, Gustav 31

Sully, Maximilien de Béthune, Herzog von 24

Suttner, Bertha von 28

Traublinger, Heinrich 69 f.

Trichet, Jean-Claude 192

Verheugen, Günter 107 ff., 187

Voßkuhle, Andreas 88

Waigel, Theo 184, 230

Weber, Axel 228

Weber, Manfred 147

Weidmann, Jens 229

Wenders, Wim 11, 127

Zweig, Stefan 30

Literaturverzeichnis

Adenauer, Konrad: Erinnerungen. 1955 – 1959. *Stuttgart 1967*

Bluntschli, Johann Caspar: Die Organisation des europäischen Staatenvereins. *Darmstadt 1962*

Brunn, Gerhard: Die Europäische Einigung von 1945 bis heute. 3. überarbeitete und aktualisierte Auflage. *Stuttgart 2009*

Clark, Christopher: Die Schlafwandler – Wie Europa in den Ersten Weltkrieg zog. 4. Auflage. *Frankfurt am Main 2013*

Clemens, G./Reinfeldt, A./ Wille, G.: Geschichte der europäischen Integration. *Paderborn 2008*

Coudenhove-Kalergie, Richard N.: Kommen die Vereinigten Staaten von Europa? *Glarus 1938*

Dabrowski, Martin/Wolf, Judith/Abmeier, Karlies (Hrsg.): Überwindung der Schuldenkrise zwischen Solidarität und Subsidiarität. *Paderborn 2013*

Deuerlein, Ernst: Föderalismus. Die historischen und philosophischen Grundlagen des föderativen Prinzips. *Bonn 1972*

Enzensberger, Hans Magnus: Europa in Trümmern. Augenzeugenberichte aus den Jahren 1944 – 1948. *Frankfurt am Main 1990*

Enzensberger, Hans Magnus: Sanftes Monster Brüssel oder die Entmündigung Europas. *Berlin 2011*

Funk, Albert: Kleine Geschichte des Föderalismus. Vom Fürstenbund zur Bundesrepublik. *Paderborn 2010*

Gehler, Michael: Europa. Ideen-Institutionen-Vereinigung. *München 2010*

Gräßle, Inge: „Arbeitsplatz Brüssel: steuerfreie Zulagen, hohe Pensionen, keine Kündigungsgefahr". Der Hauptstadtbrief 111. *Berlin Oktober 2012*

Gräßle, Inge: „Auswärtiger Dienst der EU bedeutet: viele Generäle, wenig Fußvolk." Der Hauptstadtbrief 114. *Berlin März 2013*

Gräßle, Inge: „Misswirtschaft und Korruption auch im siebten Jahr. Bulgarien und Rumänien sind EU-Sorgenkinder." Der Hauptstadtbrief 120. *Berlin Februar 2014*

Hübler, Martin: Die Europapolitik des Freistaates Bayern. *München 2002*

Issing, Otmar: Der Euro – Geburt-Erfolg-Zukunft.
München 2008

Issing, Otmar: Wie wir den Euro retten und stärken.
3. Wirtschaftsmanifest. *Rosenheim 2012*

Koch, Claus: Das Ende des Selbstbetrugs. Europa braucht eine Verfassung. *München 1997*

Kohr, Leopold: Das Ende der Großen. Zurück zum menschlichen Maß. *Salzburg 2002*

Laufer, Heinz/Fischer, Thomas: Föderalismus als Strukturprinzip für die Europäische Union. *Gütersloh 1996*

Mittag, Jürgen: Kleine Geschichte der Europäischen Union. Von der Europaidee bis zur Gegenwart. *Münster 2008*

Piazolo, Michael/ Weber, Jürgen (Hrsg.): Föderalismus. Leitbild für die Europäische Union. *München 2004*

Reichstein, Ruth: Die 101 wichtigsten Fragen. Die Europäische Union. *München 2012*

Sarrazin, Thilo: Europa braucht den Euro nicht. Wie uns politisches Wunschdenken in die Krise geführt hat. *Frankfurt 2012*

Scharnagl, Wilfried: Bayern kann es auch allein. Plädoyer für den eigenen Staat. *Berlin 2012*

Scharnagl, Wilfried: Konzern Europa. Wunsch und Wirklichkeit. *München 1972*

Siebert, Ferdinand: Aristide Briand. Ein Staatsmann zwischen Frankreich und Europa. *Erlenbach-Zürich 1973*

Stewing, Clemens: Subsidiarität und Föderalismus in der Europäischen Union. *Köln 1992*

Strauß, Franz Josef: Die Erinnerungen. *Berlin 1989*

Szczypiorski, Andrzej: Europa unterwegs. Essays und Reden. *Zürich 1996*

Weidenfeld, Werner: Die Europäische Union, unter Mitarbeit von Edmund Ratka. 3. aktualisierte Auflage. *München 2010*

Weidenfeld, Werner: Europa leicht gemacht. Antworten für junge Europäer. *München 2008*

Weske, Simone: Europapolitik im Widerspruch. Die Kluft zwischen Regierenden und Regierten. *Wiesbaden 2011*